神代到来

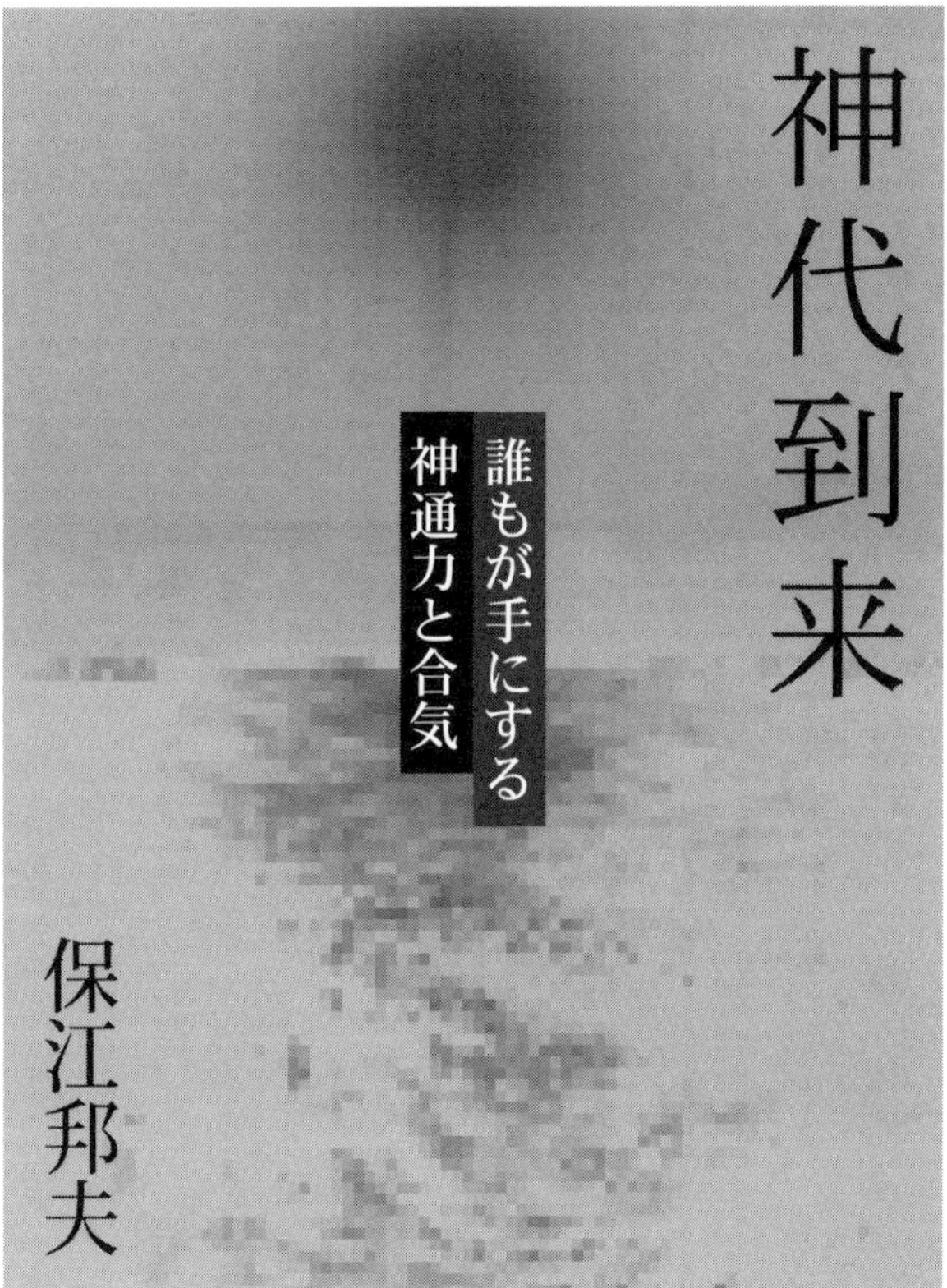
神代到来
誰もが手にする
神通力と合気
保江邦夫

海鳴社

本書について

■この本はとんでもない本です。キリストや安倍晴明からの指令・伝言などが出てくるのですから。しかし小社と著者との長い付き合いから言えることは、彼はいろいろ信じ込んでしまう傾向は見受けられるものの、詐欺じみたものは微塵もない、ということです。とはいえ、超常現象などあまりにも突拍子もない本書の語りを公にすることに、出版社としてある種の躊躇があるのも事実。そこで、尊敬する宗教学者で清泉女子大学の元学長岡野治子先生に、本書の読後感をお聞きすることにしました。ドイツでの講義（八月）で忙しい中、以下のようなお返事をいただきました。読者への参考に資すること大だと思い、許可を得て掲載致します。

――海鳴社・編集子

十六日に無事帰国しました。時差ぼけのまま、地域の自治会の催しに駆り出されていて、ご連絡が遅くなりました。

保江氏のご著書（原稿）を拝読しました。宗教、武道、物理学部門等の既成の書籍カテゴリーに収まらない、ユニークな書ですね。あえて言えば、本文にもあるように、「ある物理学者の神秘体験」というエッセイとして拝読しました。

素領域理論を背景として、諸宗教の教えの中核である「愛」や「相手を大切にする」精神を徹底して極めると、霊と現世、聖と俗、彼岸と此岸の限界を超えて、人智で把握できない現象が解読できる、というメッセージである、と理解しました。こうした霊界と人界を自由に飛翔できると、武道の世界でも奇跡のようなことが起きる、という写真入りのメッセージには驚きました。合気というのは、単なる力の足し算ではないことがよくわかります。

イエスの弟ヤコブの霊が、保江氏に注がれている、という件（マリアのお告げなど）は、新宗教の権威付けを思わせて少し引いてしまいました。しかし実体験に裏打ちされた、霊の世界理解の資質を持つ人物のエッセイとして読めば、全体に理性的、論理的に全く破綻のない、興味深い書と感じました。

素領域理論の視点から霊の世界が説明された箇所で、「肉体に霊が宿る」の表現は誤りで、「霊に肉体が宿る」が正しいという指摘は、素晴らしいと思います。キリスト教の「受肉」の思想もまさにそのことを言い表わしています。

この書を読みながら、ドイツ人オイゲン・ヘリゲルの有名な著書『弓と禅』、また近年、フィギュアースケーターの羽生弓弦さんの「安倍晴明」のパフォーマンスを思い出していました。「神が降りたようだ」とその演技が形容されました。

陰陽道については、私自身の知識が乏しいので、正当に読解できたかどうか心もとない限りですが、感想を申し上げるお約束の期限が過ぎようとしていますので、とりあえず、メールを差し上げますね。

私にはこの手の書の売れ行きがどうなのか想像できませんが、当初私がひそかに怖れたような怪しげな宗教書ではありませんね。ドイツの哲学者で物理学者として著名なC・F・フォン・ヴァイツゼッカーは、「科学を極めれば極めるほど、既成の原理・原則で説明のつかない神秘に触れる」と語っていますね。この書はそのような資質を持つ物理学者の体験が結実したものでしょう。少しでもお役に立てたなら、うれしく存じます。

気候の変化が読みにくい昨今です。どうぞお元気でご活躍くださいませ！

岡野治子

はじめに

驚きの書、まさにそう形容するしかない新事実の数々をこれから綴っていくことにする。その先に浮かんでくるものは、我々の現実世界とあの世とを分離させている壁が日に日に薄くなってきているというショッキングな結論だ。最終的にはこの世界が神霊界と重なってしまう、つまり次元融合が生じることで、我々は観自在で変幻自在の新世界に生きることになることを強く予感させる。そう、あの世とこの世の境がなくなってしまうのだ。天国暮らしが我々を待っていると考えてもよい。

そんな馬鹿な！　そう頭から否定することは簡単だ。だが、以前ならあり得なかった不思議現象が目白押しになっている現実を目の当たりにする、あるいは実体験するならば少しは納得してもらえるかもしれない。幸いなことに、この僕の身の回りに起きている不可思議きわまりない現象の数々は大きく二つに分かれている。一つはあの世にいるはずの故人からの接触によって、これから僕がなすべきことが詳細に知らされるというような、いわゆる心霊現象だ。これには特殊な体質や能力を持つ人々との意味のある偶然のつながりが不可欠となるため、読者の皆さんが誰でもすぐに実体験できるものではない。そのため、これに該当する不思議なことについては、僕の個人体験として記述していくことを信じていただくより他にないのが残念だ。その内容があまりにも奇想天外だからといって、嘘を書いているとか作り話だなどと思われてしまうかもしれない可能性を最小限に押さえるために、正真正銘この僕が体験した事実を順を追って淡々と物語っていくことにする（第一部「日常生活に現れた次元融合の真実」及び第三部「神様からの伝言」）。

しかしながら、もう一方に分けられる不思議現象は僕が東京などで主宰し「冠光寺眞法」と呼んでいるキリスト伝来の護身愛魂（合気）技法の道場において、稽古に参加している人なら誰もが常に体験しているし、その日に入門した人でさえすぐその場で実現できている。つまり、その具体的で簡単な所作を写真を交えて解説しさえすれば、それを読んでから誰か他の人を相手に実際にやってみることによって、盤石の体勢でがんばって抵抗している相手の身体を普通ならば考えられないような形に崩して倒すことができるのだ。これらの不思議現象についてはそれらの解説を読み進む毎に読者の皆さんが実際に試してみることで、それらの記述が真実であることをすぐに理解していただけるはず（第二部「合気現象から見た次元融合の事実」）。

こうして最後まで読みとおしていただけるならば、そしてそのいくつかを実際に体験していただくならば、劇画アニメやSF映画の場面と見まがうかのような、あまりに奇想天外で不可思議な現象がこの世界で実現できるようになっているという歴然とした事実を感じ取ってもらえるはず。数年前、いや、一昨年の春までは絶対に起きてはいなかったこんな馬鹿げた事象が、今では日常茶飯事であるかのように身近なところでいつでもいくらでも生じるようになっているのだ。つまり、昨年の春からのこの現実世界は、ハリーポッターやワンピースといった劇画アニメの空想世界により近づいたものになっている、もっと正確に表現するならばこの世とあの世を隔てている境が日に日に薄くなっている、あるいは現実世界の次元と神霊世界の次元とが重なりあってきている。

そんな読後感をできるだけ多くの皆さんに味わっていただけるならば、この世とあの世の融合がさらに加速されていき、我々人類の全員が天国に招き入れられる日を少しでも早く迎えられるにちがいない。そんな心からの願いを込めて、この驚愕の書を書き進んでいこう。

二〇一八年夏、白金の寓居にて

著者 記す

もくじ

第一部

日常生活に現れた次元融合の真実

すべてをお伝えする前に、一昨年の十月二日にお亡くなりになった『黎明』(太陽出版)の著者・葦原瑞穂さんのお気持ちそのままの最後の言葉を紹介したい。直前まで精力的に仕上げておいでだった改訂版の原稿の中に認められていたのだが、その後に出版された改訂版では何故か削除されてしまっていたのだ。これほど重要な葦原瑞穂のメッセージが削られてしまうとは何とも残念でならなかった僕は、前著『神の物理学——蘇る素領域理論——』で追悼文掲載から始めさせていただいた海鳴社の辻信行社長にお願いをし、この新著『神代到来——誰もが手にする神通力と合気——』においても葦原瑞穂の最後の言葉から始めさせていただくことにした。

どうか、全身全霊を傾けて受け止めていただきたい。

＊

私に想い出させて下さい
永遠の時の中で
この美しい青い星が金色の光となるときに
あなたに願って　この世界へ来たことを

あの頃は　ほんの片時と　思っていたけれど
来てみれば　気の遠くなるような歳月

ひたすら待ち続けた時が満ちて
今、あなたに出逢った

私に想い出させて下さい
あなたが　共にはたらいて下さることを
無限の愛と力と叡智が
いつも　私たちの中に在ることを

この美しい青い星が
平安と愛で満たされるように
どうか　私たちをお使い下さい
オーム　アムリテーシュワリエ　ナマハ

一　東京進出

第二部では「合気現象から見た次元融合の事実」と題して、主として武道や格闘技の最終奥義と目される「合気」と呼ばれる神秘的な崩し技法の実践に焦点を当てることにより、昨年から顕著になってきたあの世とこの世の境がどんどんと薄くなっていき、いわば現実界と神霊界が互いに重なりあって存在する「次元融合」の現象が生じていることを読者の皆さんに実体験によって感じ取っていただけるようにする予定だ。そこでは、「次元融合」の結果誰もが簡単に操ることができるようになってきている「神通力」として「合気」を取り上げ、その背後にある作用機序を湯川秀樹博士の素領域理論の枠組の中で明らかにした上で、実はその素領域理論が現実界のみならず神霊界までをも解明することができる基礎物理学理論であると考えられるというところまで、お伝えしていくことになるだろう。

それに先立つこの第一部では、今から二年ほど前から僕の身の回りに頻繁に起きるようになったあの世、つまり霊界の側からのコンタクトの一部始終をお伝えすることで、我々の日常生活の中にまで影響を及ぼすようになった「次元融合」の真実を理解した上で、これからさらに強まってくると予想される神霊界からの神通力による援助を受け入れる体制作りの重要さを訴えたいと思う。まずは、愛知県にお住まいの二人の若い女性霊能力者の予言に続いて、僕が最も信頼している予言者である「麻布の茶坊主」さんによる予言が的中することによって始まった、僕のいささかぶっ飛んだ東京移住にまつわる不思議な話からお伝えしていくことにしよう。

ちょうど二年前の春の頃、愛知県でベンチャー企業の社長として活躍している方からお話があった。聞けば、愛知県で二人の若い女性霊能力者から様々な助言をいただいて会社の運営もうまくこなしてきたそうだ。そして、その頃にその女性達が伝えてくれたのが東京に関する逼迫した危険性についてだった。東京を覆っている土地のオーラのようなものは平常時には陰陽の対極図のように調和したものになって皇居を中心にして渦巻いているのだが、それが少し前から不安定な動きを示すようになっている。そして、このままではどんどんと不安定になっていき、最終的には東京の平安を維持できなくなってしまい何らかの大きな災害やテロ事件が誘発されるようになってしまうというのだ。それを聞いた若き社長さんは、ではどうすれば不安定になってしまった土地のオーラを復旧させて東京を護ることができるのか、二人の霊能力者から聞き出すことができた。それは、皇居から東京タワーに向かって延びるレイライン（重要遺跡などが直線的に並ぶもの）の延長線上に、安倍晴明に代表される陰陽師のような能力を持つ人物を住まわせるということだった。そして、そのときに社長さんの頭に浮かんだのが、その人物はこの僕以外には考えられないという直感だったという。

この不思議な話の内容を僕が社長さんから知らされたのは、実は僕が次に示すような予言が的中して一年前から東京都心に住むようになったことを彼に報告したときのことだった。それまで彼自身の心の中にしまっておいた愛知県の二人の女性霊能力者による上記の警鐘を思い出し、まさに彼の直感どおりに僕がそのレイライン上に住まわされたと理解した上で、詳しく教えてくれたのだ。

そして、的中した予言というのは二年前に突然に予言者「麻布の茶坊主」さんから人を介して伝えられたものだった。それは、近々この僕が東京都心の西寄り、特に六本木と高輪の間に住むようになるというものだった。それを聞いたとき、それまで僕が直接に聞いたすべての予言が当たっていた「麻布の茶坊主」さんも、ついにその予言を外してしまうと確信してしまった。何故なら、そもそも僕は岡山で広い敷地の家に住んでいて、東京には道場の指導や講演のために月に二、三回の頻度で週末に出かけていけばよい状況が続いていたからだ。それに加えて、僕は岡山のその自宅から歩いて五分くらいの通勤時間ですむ、ミッション系の女子大に教授として雇われていたため、東京に住むなどということは到底あり得ないことだった。その十年ほど前に大学院の博士課程が設置されるときのことだが、当時学内には数人しかいなかった博士課程指導教員として文部科学省に認められた教員の一人として、博士課程担当者に開設時から名前を連ねることを承諾したため、見返りとして定年後も七十歳まで教授として勤められることになっていたのだから。

従って、せっかくの「麻布の茶坊主」さんの予言ではあっても、今回だけは絶対に外れてしまうことは明々白々。それに、百歩譲って僕が東京に住むことになったとしても、貧乏学者の生活を続けてきた僕が六本木と高輪の間などという東京でも一、二を争う高い家賃の高級住宅街を選べるわけがないのだ。僕自身もいったいどうして「麻布の茶坊主」さんともあろうお方が、そんな愚かな予言をなさるのか不思議でならなかった。

そして、その予言のことも完全に忘れていた半年後の年末のこと、三十五年前にミッション系の女子大学に僕を受け入れて下さった理事長の渡辺和子シスターが天に召されてしまった。僕のことを半分冗談で「名誉息子」だと公言して下さっていたシスターの突然の死をまだ受け入れることができなかった僕に、年が明けてから晴天の霹靂の如く定年退職予定者への通知が舞い込んできた。大学院博士課程設置のときの約束ではまだ五年間は勤められることになっていたにもかかわらず、大学教授の定年を盾に取って約束を反故にしてきた裏には渡辺和子シスターが学長を引いて理事長になられたときに後任の学長になっていた他のシスターによる「名誉母子」に対する意趣返しだったのかもしれない。お亡くなりになる一ヶ月前の教授会の席上、そのシスターは理事長の渡辺和子シスターから年度末での学長職罷免を告げられてしまっていたのだから、ここは憎い「名誉息子」を道連れにしてやると考えたのは大いにあり得たはず。

ということで、比較的順風満帆だった僕の人生行路はここにきて突然予期せぬ暗礁に乗り上げてしまい、その二ヶ月ほど先に迫っていた四月一日からは年金暮らしとなる運命に陥ってしまった。まだ五年も先のことと考えていた年金暮らしの生活に、約束を反故にされた形で突然追い込まれることになった僕は、ともかく年金以外に何らかの収入を得るための方策を見つけなくてはならない。僕にできることといえば、まあこうして本を書くか、講演会や講習会を開くことくらいしか思い浮かばない。しかし、岡山の田舎に引きこもっていたのでは、東京に集中している出版社からのお声かけも期待できないし、講演会に集まってくれる聴衆の皆さんの数もごくわずかでしかない。本の印税や講演会の参加費などを収入源として生活できるためには、結局のところ母集団人口の多い東京に出ていかざるを得ないのだ。

だが、二ヶ月足らずのうちに東京に適当な住処を見つけて引っ越しをするという決断を下すことには、当然ながらこの僕でさえ躊躇があったことは否めない。東京での活動がうまくいかないときには、東京に出ることで発生するであろうそれなりの出費がかえって負担になってしまい、むしろ岡山で細々と生きていく年金生活のほうが楽だったということになるのは、容易に想像できたからだ。そんな中途半端な気持ちでそれまでどおりに月に二回のペースで上京した二月のとある週末のこと、東京で開催していたキリストの活人術「冠光寺眞法」の道場に、まだ数回しか通ってきていなかった若い女性が他の道場生達にふとこんなことを漏らした。

「私のマンションは築三十年以上の古いビルだけど、何故かそこに住むと運気が上がっていくので滅多に空き部屋が出ないのに、十年ぶりに部屋が空いたのよ、しかも南東の角部屋が！」

それを聞いた古い道場生がどういうわけかその話を稽古の途中に僕に伝えてきて、何人かで稽古の後にその部屋を見に行くということになった。その古いマンションに住むようになると誰もが必ず仕事だけでなくプライベートでもうまく事が運ぶようになるということが、住人だけでなく一部の不動産関係者にも知れ渡っているということに興味を持った連中が部屋を覗きたがっているというのだ。そんな幸運をもたらす部屋があるというなら、僕だって見てみたいと思った結果、僕までものこのこと空き部屋探訪についていくことになった。

鍵のかかっていなかった四階の角部屋に入ってみると、リフォームが終わった部屋には既に新しい家具と電化製品一式が置かれていたので、何だもう次の入居者が決まっていたのかと思って皆で帰ろうとしていたとき、空き部屋情報をもたらしてくれた女性が大家さんに電話してくれた。それでわかったのだが、築三十年以上の古い物件に久しぶりに出た空き部屋なので、大家さんはこのままでは誰も借り手がいないのではと弱気になってしまい、不動産屋の助言に従ってその部屋を家具付き電化製品付きの部屋として貸すことにしたのだ。しかも、新品の家具と電化製品一式が備わっていてもなお、その女性が借りている家具なし電化製品なしの普通の部屋よりも安い賃貸料になっていた！

それを聞いた僕は、ただただこんな好条件の部屋を僕以外の人間が借りることになるという事態だけは絶対に阻止しなくてはならないと何故か強く思い始めた次の瞬間、もう携帯電話の向こうの大家さんに口走ってしまっていた。

「四月から僕が借ります！」

同行していた古い道場生達はもちろんのこと、当の本人でさえいったい自分が何を考えているのか皆目見当もつかなかったのだが、ともかくこうして僕はその角部屋を借りることになってしまった。それではリフォームが完全に終わった時点で不動産屋で書類を作るということまで口約束し、その古いマンションを出ようとしたときにそこに住んでいるという女性にそこの住所を聞いた。港区の白金という返事で浮かんだのは僕でも知っていた「シロガネーゼ」というイタリア語をもじった高級住宅街のことに加えて、突然思い出した半年前の「麻布の茶坊主」さんの予言のことだった。おそるおそる、その女性に「白金というのは、ひょっとして六本木と高輪の間になる？」と聞いた僕は、「もちろん、まさに六本木と高輪に挟まれたど真ん中」という返事にガーンと打ちのめされてしまう。

そう、まさに今回だけは絶対に外してしまうと思っていた「麻布の茶坊主」さんの予言が、本当に的中してしまったのだから！

こうして、ほとんど何の準備もしないまま、四月の頭から僕は晴れて東京の高級住宅街として知られる港区白金に居を構えることになった。

二　東京タワーと龍穴

愛知県の二人の霊能力者の女性と「麻布の茶坊主」さんの予言が当たった形で、それまで考えたこともなかった東京都心での生活をスタートさせた去年の四月からのこと、確かに僕の運気はどんどんと上がっていったし、以前の僕にはとうてい舞い込んでくるはずもないような不思議な幸運にも恵まれていった。そして、その白金の古いマンションの角部屋というのが秘めている幸運をもたらす不思議な力の源についても、徐々にはっきりとしてきたのだ。それは、せっかく東京の中心部に僕が出てきたのだから、そこを拠点としてこれまでは主に京都や飛鳥といった旧都で開催していた白川伯王家に伝わる古神道（「伯家神道」という）の御神事を東京でも定期的に開催するための準備と打ち合わせに神官と巫女が集まってくれたときのこと。

地下鉄の最寄り駅からお二人を歩いてご案内していたとき、少しでも早くと思いマンションの斜め向かいにある広い青空駐車場の敷地を突っ切ることにした。都心の一等地にこんなに広い更地を持っているなら超高層マンションを建てれば儲かるだろうに、それをわざわざ活用しないで大型の外車やマイクロバスを何台もゆったりと駐められる贅沢な月極駐車場にしているからには、かなり頑固なお年寄りが地主なのかもしれない。そんなことを考えながら駐車場を斜めに横切っているとき、神官と巫女が急に足を止めた。上に向けたご自分の両掌をにらみ続けていた神官に声をかけると、感嘆したご様子で話して下さった。

「ここは龍穴にちがいありません。見て下さい、私の左右の掌だけどちらも真っ赤になっているでしょ。この特異な反応が私に現れるのは、人間でいえば経絡のツボに対応する地球のツボのような場所に来たときだけです。地面の下を流れている地球のエネルギーが地上から天に向かって立ち昇る特殊な場所で、陰陽師がそこに龍が天に舞い上がる姿を見て「龍穴」と呼んだのです。しかも、ここまで掌が赤くなったことは、これまであちこちの龍穴に行ったことがありましたが、初めてのことです。駐車場にするために一面をアスファルトで固められていてもなおここまで強い反応が出るということは、この龍穴はよっぽどのものなはずです」

それをうなずきながら聞いていた巫女も、僕に向かって教えてくれた。

「私もここが東京を護るためのかなり重要な龍穴になっているのだと思います。これほどに強い反応が出ることは、他の龍穴では一度もありませんでした。ご覧になって下さい」

そう話しながら恥じらいつつスカートの裾を膝上まで持ち上げてくれた色白の巫女の両足は、驚くべきことにまさに深紅に染まっていたのだ。

もちろん、僕も含めて普通の人間ではいくらこの場所にやってきたところで、掌や足が真っ赤になるようなことにはならない。長年にわたって伯家神道の秘儀に参入する修行を続けてくることができた神官や巫女だからこそ、このような龍穴の強さのバロメーターとなる特異な体質を持っているにちがいない。そして、神官と巫女の二人はそれぞれが駐車場の空き地の中やその前の狭い道路をゆっくりと歩き回り、最後には龍穴の中心が駐車場が道路に接するあたりにあることを突き止めてしまう。そこに立つと、僕のような凡人であっても、確かに何か得体の知れない不思議な感覚が生まれてくることからしても、やはりこの場所は特別な場所になっているのかもしれない。

狭い道の向かいには江戸時代からある用水路の手前に古びた木造アパートと町工場があるだけだが、どちらも今は使われずに放置されたままとなっている。「いやー、このアパートなんかに住めれば、龍穴の御利益をまともに頂戴できるのに、誰もお住みになっていないとは残念なことです」という神官の言葉を遮って、僕は二人をその廃屋になっている町工場の横にある古いコンクリート造りの六階建てマンションの町工場側の四階の角を指さして、そこが僕の部屋だと伝えた。そのとたん、神官と巫女の二人は互いに顔を見合わせてから、僕に向かって驚きの事実を知らせてくれたのだ。麻布の茶坊主さんの予言が的中し、また愛知県の二人の霊能力者の女性が指摘した皇居と東京タワーを結ぶレ

写真１　高濱清七郎の墓

イライン上に住むことになった僕の部屋は、何と他に類を見ないほどに強力な龍穴の縁にあったという事実を！

それだけでは、ない。予言が当たって白金にやってきた僕をわざわざ表敬訪問して下さった麻布の茶坊主さんまでもが、僕の部屋が実に精妙な気に満ち溢れていてここに少しの間滞在しているだけで長年瞑想を続けているに等しい力が得られるとまで教えて下さったのだ。その理由はといえば、当然ながら僕の部屋がちょうど龍穴の縁の上に位置することにあるくらい、既に僕でも察しがつくくらいには慣れてきていた。だからこそ、五階に住んでいる若い女性の道場生が最初に話してくれていたように、この古いマンションに住んだり事務所を置いたりする人は誰もが何故か幸運に恵まれて人生がうまく流れていくようになるのかもしれない。そう、すべての伝説はこのマンションが東京の要となっているらしき龍穴の縁に建てられていたという事実に端を発しているのだ。

そして、きわめつけは神戸で健康道場を主宰している香取神道流杖道の師範代からもたらされた、これまた驚くべき偶然の一致の事実だった。それは、飛鳥時代中期から朝廷の祭祀を司ってきた伯家神道の秘伝が明治維新前夜に失伝の危機に見舞われたとき、孝明天皇の命により出身地の岡山に身を潜めることで「祝之神事《はふりのしんじ》」や「息吹永代之法《いぶきながよのほう》」などの秘儀を密かに伝え残した白川家最後の学頭・高濱清七郎の墓が、この港区白金にあるということだった。そして、高濱清七郎から数えて五代目の伯家神道伝承者となっていた巫女様こそが、今から七年ほど前にこの宇宙の背景にある基本原理を研究している理論物理学者として「祝之神事」に参入するようにこの僕に依頼して下さった大恩人だったのだ。そう、単に郷土を同じくする先達というだけでなく、僕にとってこの高濱清七郎という人物は先師の中の先師であり、どういうわけか僕が継いでしまった伯家神道における明治時代での中興の祖と目される偉大な神道家に他ならなかった。その墓が、何と僕がこうして住むことになった白金の古いマンションの近くにあるというのだから、これはもう単なる偶然ではすますことはできない。

白金にあるお寺の名前だけが頼りだったが、ともかく僕は高濱清七郎の墓を探すことにした。何週間かかっても必ず探し出すぞという心持ちだったのだが、何とその墓のあるお寺は、僕の住処から歩いて二十分ほどのところに簡単に見つかってしまった。高台に位置するその立派なお寺は明治天皇が終生頼られていた禅宗の中でも、江戸時代に初めて江戸に建立された寺だった。なるほど、明治新政府の中枢から明治天皇に神通力をもたらした伯家神道を危険視する動きが出ることを知って岡山に身を潜めていた高濱清七郎は、晩年になってやはり明治陛下のお近くでお力になりたいと考え、この白金の地に隠れていたのだろう。ひょっとすると、歩いて十分ほど下ったところにあった高輪御所で密かに高濱清七郎に会って様々な助言を得ていたからこそ、西欧に向かって国を開いたばかりの東洋の小さな島国が大国の清や帝政ロシアを相手に日清・日露戦争でかろうじて勝利を収めることができたのかもしれない。そんなことを思いながら、僕は自然石で造られた高濱清七郎の神道風の巨大な墓に榊と花を添え、伯家神道秘伝の拍手を打ち続けていた（写真1）。

そして、ここからが驚愕の真実なのだが、部屋に戻って東京都心部の地図を広げたところで僕は神の存在を確信してしまうことになる。何故なら、何と、あの高濱清七郎の墓は皇居から東京タワーへと延び、そして白金の僕の部屋、いや、強力な気を発している隣接する龍穴へと一直線に向かっているレイラインの、そのまた延長線上にあったのだ。そう、愛知県の二人の女性霊能力者の方々が教えて下さった、皇居から東京タワーの方向に延びるレイラインの確保が東京の地のオーラを調和させる上で重要となるので、そこに安倍晴明のような陰陽師を住まわせなくてはならないという事実。それは、まだ東京タワーのなかった明治時代末期の東京の言葉で表すならば、皇居から白金の寺にある高濱清七郎の墓にまで延びるレイラインの調和力を確保しなくてはならず、そのためには高濱清七郎にゆかりの現代の陰陽師をそのレイラインの途中にある重要な場所に配置しなくてはならないということを意味していたのではないだろうか。

三　現代の陰陽師

僕が伯家神道の「祝之神事」に参入することになったのは、前節でお伝えしたように伯家神道を継承なさっていた高齢の巫女様からのご依頼を受けてのことだった。次代の天皇になられる予定の皇太子殿下に「祝之神事」を受けていただくのが社会情勢や政治の軋轢などで難しい場合には、代わりにこの宇宙の背後に潜む基本原理について研究している物理学者に受けてもらう必要があるという御神託に基づき、巫女様の代理の方で白山神社の先代宮司の姪御さんという女性がわざわざ岡山に僕を訪ねてきて下さったのだ。そこから始まる僕の神秘体験の数々は直後に公表した拙著『伯家神道の祝之神事を授かった僕がなぜ？』（ヒカルランド）にあるとおりなのだが、それがいったい何故この僕でなければならなかったのかについては最近まで不明のままだった。

皇太子殿下の代わりに祝之神事に参入するというのであれば、物理学者よりも神道研究に長けた宗教家や哲学者、あるいは歴史学者や政治家といった人達の中から選ばれた人物のほうが適任だと考えるのはむしろ大いに自然なことだろう。それに、百歩譲って仮に物理学者の中から選ばれることになったとしても、それこそ旧帝大系の大学で教授をしている学界主流派の物理学者にするべきではないだろうか。それが、「宇宙」、「基本原理」、「探求」、「物理学者」をキーワードにしてネット検索をかけて画面に表示された結果、たまたま先頭に「保江邦夫」という名前の理論物理学者がヒットしただけで、この僕に白羽の矢が立つことになる。千数百年の長きにわたって密かに受け継がれてきた皇室祭祀の運命を、そんな偶然に任せてよいのだろうか？　あるいは、それもまた「神への全託」となって、世の中の流れを大きく変えるための「神通力」が生まれてくるのだろうか？

心の奥底に引っかかったままの疑問が晴れぬまま、気がつくと高齢の巫女様が天に召される直前にお声かけいただいた「後のことは頼んだえ」という上品な京言葉を忘れることができなかった僕は、今に至るまで伯家神道の法灯が消えないようにできるだけの努力を続けてきた。そうして、つい最近になってわかったのは、いつの時代にも「宇宙の背後に潜む基本原理について研究している」人物は必ずいるもので、それが現代においてはたまたま「物理学者」と呼ばれる人種だったというだけのことということ。そして、平安時代にはまさに安倍晴明に代表される陰陽師と呼ばれる人種がその「宇宙の背後に潜む基本原理について研究している」人物に該当し、陰陽道を駆使して陰から時の天皇を支えていたのだ。

平安時代において全天の星々の運行を観測することで暦をとおして宇宙の原理に迫り、それを「祝之神事」などの宮中祭祀の秘儀をとおして天皇の治世に生かしていたのが陰陽師であり、当時では時代の最先端に位置した当時の「科学者」とみなすことができる人種だったにちがいない。そう、いつの時代においても、「祝之神事」に深く関わってきたのは、その時代における最先端の「科学者」だったのだ。伝説や小説、さらには映画などで描かれた安倍晴明の得意技としての呪術や祝詞《のりと》奏上、あるいは刀剣や弓あるいは塩や酒のような御神器を用いる神楽舞などは、平安時代にあってはすべてがこの宇宙の調和を維持するための時代の最先端の「科学技術」だっただけのこと。

　ということは、現代に生きる我々が今安倍晴明として頼るべきは、平安時代から江戸時代に至るまで、さらには明治・大正そして昭和初期までの近代化の時代に至るまで、陽明学、国学、あるいは密教の名の下に陰陽師や行者がいにしえより連綿と伝えてきた秘儀の数々を学び実践する神官や僧侶ではあり得ない。そのような人物は、確かに平安時代や江戸時代であればその時代の最先端にある「宇宙の背後に潜む基本原理について研究している」人物と目され「陰陽寮」と呼ばれていた今の文部科学省に相当する役所に迎えられていたのだろうが、この現代においては単なる古文書収集家か文化考古学者にすぎず、断じて「宇宙の背後に潜む基本原理について研究している」人物とは見なされないのだ。

　そう、今こうして我々が生きている現代において天皇陛下を陰からお助けして調和に満ちた平穏な世の中を実現するために「祝之神事」に参入するべきは、古儀としての陰陽道や古神道あるいは密教や修験道を実践している人達などではなく、この現代において本当に「宇宙の背後に潜む基本原理について研究している」と考えられる時代の最先端にいる科学者、つまり現代物理学の基本原理を与える量子論の基本法則そのものについて研究してきた理論物理学者だったのだ。その意味で、この僕が高齢の巫女様に選ばれたのは単なる偶然などではなく、意味のある偶然、いや、神の御意志の現れだったのかもしれない。

理論物理学者こそは、現代の陰陽師なのだという！

いや、だからといって、理論物理学者の全員が今安倍晴明になるのかというと、むろんそのようなことは絶対にない。単なる理論物理学者というだけでは、明らかに役不足だ。連綿と受け継がれてきた陰陽師の法灯というものも、やはり重要な意味を持っているのだから。そう考えたとき、「宇宙の背後に潜む基本原理について研究している」あまたの理論物理学者の中で、何らかの形で本当の陰陽師に強くつながっている、あるいは陰陽師の血を引く人物というのであれば、神の御意志として僕以外の人物に白羽の矢が立つことはなかったのではないだろうか。実は、僕自身が江戸時代後期に播磨の赤穂藩に仕えていた陰陽師の末裔だったという事実があることについては、第二部の第九節においてお伝えするつもりだ。

そう、こうして陰陽師の血統を現代に受け継いだ若き日の僕だったからこそ、陰陽師が操る「御式内」の秘技であるとは知らず「合気」に魅せられ、その不思議なからくりを追求するために確かにこの宇宙の背後に潜む調和に充ち満ちた根本原理を明らかにするために現代物理学の最も奥深いところに位置する「素領域理論」を研究する理論物理学者の道を歩んできたのだ。その「理論物理学者」こそが現代の「陰陽師」であることにも気づかずに……。

四　平安参賀で次元融合が加速

現代の陰陽師として、宇宙の基本原理を探求する理論物理学者としての僕が伯家神道の高齢の巫女様に見出され、「祝之神事」の秘儀に参入してからというもの、何故か代々の天皇家や平安時代の陰陽師とのかかわりが生まれてくるようになってきたのは事実だ。そして、昨年の四月からは愛知県の二人の霊能力者の女性のご指摘と麻布の茶坊主さんの予言が的中した形で、東京の土地のオーラに調和を取り戻すために皇居と東京タワーを結ぶレイライン上にある強力な龍穴の際《きわ》に僕が住処を見つけてしまう。しかも、そのレイラインのすぐ先には伯家神道最後の学頭だった高濱清七郎翁の墓が鎮座し、明治天皇の治世よりこの方、やはり皇居に向かって東京の大御空を見護り続けていたということまでもが判明した。そのためなのか、あるいはやはり保江家の陰陽師の血を受け継いでいた僕の親父が、太平洋戦争の時代に求められた当時の陰陽師として陸軍航空隊首都防空隊の二式単座戦闘機「鍾馗」を駆ってアメリカのB29爆撃機を迎撃していたこともあってなのか、このレイラインの龍穴の周辺は東京大空襲による炎上を免れたと聞く。

写真２　平安装束にて

そんな東京の要と目されてきたレイライン上に現代の陰陽師としての理論物理学者・保江邦夫がやってきたのだから、当然ながら古代の陰陽師との何らかの連携が生まれてきても不思議はない。昨年来この世とあの世の境がどんどんと薄くなってきていて、来年あたりからは誰もがほとんど修行することなく神通力を手にすることができる、即ちこの世とあの世が融け合って同じ次元に共存する「次元融合」が起きると予測されるくらいなのだから。この次元融合の現象はこれまでも周期的に生じていて、前回は時代を遡った平安時代に起きていたようだ。そのため、安倍晴明に代表される平安時代の陰陽師は当時の叡知を縦横無尽に操ることで、あの世からこの世に簡単にさまよい出てくる魑魅魍魎の類をことごとく封じ込める必要があったのだろう。

　ということは、千数百年の時を経て再び次元融合が現実化しようとしているとき、現代のこの世においても平安時代に出没したような魑魅魍魎に対する備えをおろそかにすることはできない。しかし、今の時代にいったいどのようなことを準備しておけばよいのか、正直なところ皆目見当もつかなかったのが事実。そこで、すべてを神に託す「全託」によって神通力が得られるように、あれこれと考えるのをやめて身の回りの出来事に身を任せることで流れに乗ろうと腹をくくったのだ。すると、急な話で、まったく計画していなかったにもかかわらず、平安時代の貴族の衣装を西陣の呉服屋があつらえてくれ、その平安装束で京都の金閣寺と銀閣寺を参拝して有馬頼底猊下の平安参賀特別法要に臨席することができた（写真2）。

そこには、僕自身の意志など微塵も入り込む余地はなかったのだが、やはりそれが「神への全託」として功を奏したようだ。何故なら、昨年の五月末にあった平安参賀を終えた直後から僕の先祖回帰とも思われる出来事や、安倍晴明との時空を超えたあの世からの接触が続き始めたのだから。そう、平安参賀の儀式によってこの世の調和がより強められたことで、完全調和のあの世との差がさらに小さくなって、結果としてこの世とあの世の境がより薄くなってしまったのだ。そのため、僕自身が先祖の土地に偶然導かれることになったり、あの世に存在する霊魂がこの世により積極的に影響を及ぼしてこられるようになったのではないだろうか。

まずは、僕の先祖回帰の物語からお伝えしていこう。安倍晴明との強い関わりが生まれてきたことについては、次節からの十二節を費やして詳しく記していくつもりだ。

それは昨年の六月十五日のこと。伯家神道の巫女と神官と僕の三名は福岡にある真言宗の寺に高齢のご住職を訪ねた。今上陛下が皇太子殿下のときに「祝之神事」の秘儀に参入できるよう、密かに高野山で御神事を担当できる神官としても育てられていたという情報がもたらされていたからだ。残念ながら今上陛下が「祝之神事」に参入されることはなく、このままではせっかくご住職が生涯をかけて護ってこられた秘儀の詳細がまったく用を果たせぬまま消え去ってしまうと案じた福岡在住の方からのご依頼もあって、我々がお目にかかった上で何らかのお手伝いをと考えてのことだった。無事に面談も終わり三人で博多駅に到着したとき、各自そのまま新幹線で岡山と京都に向かえば全員がその日のうちに戻れる時間だったのだが、神官はこれから新幹線と在来線を乗り継いで山口県の柳井まで行くとのこと。

その「柳井」という地名が耳に入ったとたん、僕の頭の中には父親や祖母だけでなく、叔母や叔父達の口からいつも懐かしそうに語られていた、周防灘に面する小さな漁村での子ども時代の話に出てきた様々な場面が蘇ってきた。それだけでは、ない。「そうか、柳井は山口県だったのか」と思った次の瞬間には「僕も柳井に同行します」と口走っていたのだ。結局のところ僕に加えて巫女も神官に同行して柳井へと向かい、駅前のビジネスホテルに各自の部屋を取ってから遅い夕食となったのだが、そこで神官から聞かされた翌日の予定というのは隣町の田布施にある神道系の新宗教の本山に参拝し、宮司からそこに伝わっている古神道や陰陽道の秘儀について聞くということだった。

実は柳井も田布施も昔は同じ郷で、縄文時代に日本を治めていた「荒羽吐族《あらはばき》」の血を引く人達が大和朝廷による関東・東北成敗から逃れ住んでいたようだが、僕の祖先は江戸時代後期に赤穂藩に陰陽師として仕官する前は、この柳井・田布施の郷で陰陽師の家系としてひっそりと暮らしていたそうだ。そのため、備前藩の和気に逃げ延びてからも柳井・田布施の郷とは交流が続き、その後の明治、大正、昭和の時代になっても親戚知人がいたため、親父や叔母も子どもの頃には夏に柳井の海岸で泳いだことを懐かしく語っていた。

ちなみに僕の祖父は僕が生まれる前に他界していたため会ったことはないのだが、親父や祖母の話では明治新政府の役人として北九州の炭坑監督官の任のために、岡山の福岡村の住人を引き連れて当時「博多」と呼ばれていた気の荒い土地に赴き、そこに「福岡」という県と市の名前を持ち込んだために博多の人々にずいぶんと嫌われていたようだ。明治新政府は富国強兵の策を取って日本を急速に近代化することで、欧米の植民地となることから逃れようとしていたのだが、そのためには欧米列強に負けない海軍力を整備する必要があった。そして、その要となるのが海軍艦艇が敵艦から発見されないための、黒煙を出さない燃料としての良質の無煙炭であり、それを国内で唯一採掘できた炭坑は国の監督下に置かれたのだ。

従って、炭坑監督官は明治新政府の役人の中でも政府中枢から見て信頼の厚い人間が選ばれたはずなのだが、僕には岡山の和気でくすぶっていた自分の祖父がいったいどうやって明治新政府に気に入られたのかが不思議でならなかった。親父も叔母も祖母も、祖父が立派な国の役人で福岡で定年退官するまでは偉い立場にあったという事実しか話してはくれず、何故に祖父がそのような地位に就けたのかについてはわからずじまいだったのだ。それが、その柳井で泊まった翌朝のこと、目覚めてすぐに部屋のカーテンを開けたときに目に入ってきた、まさに父親や叔母の話に出てきていた瀬戸内海の入り江とそこから山肌に向かって広がる畑の景色が引き金となって、ついに真実がわかった。まるで、この世との間の境が薄くなったために、親父や叔母や祖母が、あるいは祖父があの世から僕に教えてくれることができたかのように！

そう、僕の祖父がこの柳井・田布施の郷の出だったために、いや、単にそうだったからこそ、明治新政府が国の発展のための要となる北九州の炭坑を監督する無条件に信頼できる人材として選ばれただけのことだった。まさに明治維新前夜から日本の政治の中枢に密かに人材を送り続けた「田布施システム」のなせる業だったのだ。薩摩と長州には太古の日本を治めていた縄文人である「荒羽吐族」のうち、坂上田村麻呂によって東北地方から捕虜となって畿内に移り住まわされた者達の一部が少しずつ瀬戸内海を船で下って落ち延び、平安時代から江戸時代にかけて細々と隠れ住んでいたと聞く。彼等は子々孫々の時代になっても互いに「荒羽吐族」の末裔であることがわかるように、名字には「安倍」を用い、集落の名前には「田布施」を使うことにした。現在までも「田布施」という地名が残っているのは鹿児島県と山口県で、要するに江戸時代の薩摩と長州に他ならない。

この「田布施」に隠れていた「荒羽吐族」の末裔は時がくれば再び日本を統治することを宿願としていたのだが、そのために江戸時代末期に江戸幕府を倒して明治新政府の中心人物となる人材が多数輩出したことでも知られている。それは明治時代以降も連綿と続き、田布施町からは歴代内閣総理大臣が二名も出ているのだが、その二人、岸信介と佐藤栄作は兄弟であり、現在の内閣総理大臣安倍晋三は岸信介の孫にあたる。そして、安倍晴明と同じ名字からも明らかなように、出自だけでなく名前からも「荒羽吐族」の血を引いていることをほのめかしているようだ。しかも、長州の田布施からさらに遡るならば、その祖先は岩手県と青森県にまたがる地域で栄えていたとされる。

そんな「田布施システム」の末端にいた人材として、僕の祖父は明治新政府にとっての重要な役割を持つ炭坑監督官として徴用され、岡山と福岡の間を鉄道で行き来する途中で子ども達を伴って田布施・柳井の郷に逗留し親戚縁者と旧交を温めていたのだろう。そのときの思い出話が、祖父の子ども達である親父や叔母の口から語られていたことも、眼下に広がる瀬戸内の入り江の穏やかな光景が引き金となってはっきりとしてきた。

そう、その日の朝、僕は自分自身の中に流れる「荒羽吐族」の血を生まれて初めて感じることができたのだ。まさに「平安参賀」の秘儀に参入したからこそ得られた神の祝福だったのかもしれない。そして、それがまさに神の祝福だったということが、その日の昼にはっきりと示されてしまう。それは、神官と巫女といっしょに柳井駅前のビジネスホテルからタクシーで田布施町の岩城山にある神道系新宗教の本部を訪ねたときのこと。

権宮司の方の案内で岩城山の中腹にある池の中央に突出した岩座に設えられた御社に参拝したのだが、池の十メートルほど手前にある鳥居をくぐった瞬間、池のほうからポチャンという大きな音がしてきた。池に放たれていた鯉が我々の参拝を歓迎してくれているのかもしれないと、権宮司に冗談をぶつけてみたが「鯉も鯰もおりません」と素っ気ない返事。それでは山上から石でも転げ落ちてきたのかと思い直したのだが、御社に面した池の縁にあった参拝所に行ってみると池の上には何もなく、山の斜面までは距離があって何かが上から落ちてくるとしたら、鳶か烏の類が落とした餌しか考えられない。いったいあれは何が池に落ちる音だったのだろうか？

まあ、どうでもよいことだと忘れることにしたのは、池の縁にある参拝所から池の中に浮かぶ御社に向かい、同行の巫女と神官、それに案内役の権宮司といっしょに祝詞を奏上することになったからだ。最前列の池の縁ぎりぎりのところに僕が立ち、権宮司と神官が詠み上げる祝詞が心地よく響き合う中、ふと池の水面を見ると池の水面に同心円状に波紋が広がっている中を白っぽい薄茶色の蛇が泳いでこちらに向かってきていた。ということは、さっきのポチャンという音はその同心円の中心にその蛇が落ちてきたということになる。木の枝が池の中心部にまで延びていて、蛇は枝をつたってきて池に落ちてしまったのかと思ったのだが、不思議なことに池の上には木の枝などはなく、水面の上はただただ梅雨の谷間の青空が広がるのみ。

ということは、蛇は空から降ってきたとしか考えられない！　白っぽい蛇は神の遣いだといわれてきたことを思い出しながらその蛇を凝視していたのだが、一瞬の間その蛇と目があったかのように感じた僕は、蛇に睨まれた蛙の如く固まってしまい、心の中で必死に「あっちに行け、こっちに来るな」と唱え続けた。そんなことなどお構いなしといった雰囲気の蛇は、長い体をくねらせながらどんどんと僕に向かって泳いでくる。まさか足下にまで上がってくるのではないかと最悪の事態を考えていた僕の恐れが最大限に膨らんだとき、池の縁の手前ぎりぎりのところで急に向きを反転させた蛇は、今度は池の中央に浮かぶ岩座に向かって泳いでいった。

ホッと胸をなで下ろした僕が見守る中、蛇は池の中心へと悠然と泳いでいき、途中にある水面上に出た赤い小さな鳥居を見事にくぐるように泳いで最後には池の真ん中にある岩座に上がって御社の陰に消えてしまう。まさに、我々の祝詞奏上が終わるタイミングで！　そう、僕が池の手前十メートルほどのところにある鳥居をくぐった瞬間に空の上からポチャンと音を立てて降ってきた白っぽい蛇が、祝詞奏上に合わせるかのように池の水面を泳いで足下ぎりぎりの縁まで近寄ったあげく、僕が立っていた位置からまっすぐに水面に出ていた赤い鳥居をくぐって池の中心にある岩座に上がって奉られた御社の中に消えていったのだ。白っぽい蛇が神の遣いだとすれば、これはもうこの僕に対する神からの啓示と理解する他ないのではないか！　「荒羽吐族」の血を生まれて初めて感じることができたことに対する祝福が込められた……。

五　安倍晴明現る！

意図せずして自分自身の出自に強い関心を抱くきっかけとなった柳井・田布施での不思議な出来事は、いつまでたっても「荒羽吐族」の血統や陰陽師としての霊統に気づかない僕に向かって、祖先の霊魂があの世の側から何らか手を差し伸べてくれた結果なのかもしれない。そして、そのようなことがこのとき可能となり、それ以前にはまったくなかったことからして、この世とあの世を隔てる壁がだんだんと薄くなってきているのではないかとさえ思えてきたのだ。この思いは、さらに翌週から始まったあの世からのあり得ないような僕へのコンタクトの数々を前にしていっそう強くなっていき、今では揺るぎない確信となっている。

以下ではそのような確信へと導いてくれることになった奇想天外な出来事を順を追ってお伝えしていくが、まずは最も名の知れた陰陽師である安倍晴明がどのようにしてこの現代に登場してくることになったのか、そのあたりのことから始めていこう。

柳井・田布施から戻ってきてすぐのこと、既に何度か言及したことのある愛知県の若い二人の女性霊能力者から一つの伝言がもたらされた。その内容といえば、あと数日に迫った六月二十二日の夏至から七月七日の七夕までの二週間ちょっとの期間は、誰もが相応の努力をしさえすれば魂をいくらでも磨くことができる数百年に一度の好機となっているというもの。その前にもその年の四月一日に世界が変わるという伝言を頂戴していたのだが、そのときには同様の予言を他の能力者の方々からもいただいていたので心づもりを整えておくことができた。だが、今回は他に夏至から七夕までの間についての予言は誰からも寄せられてきてはいなかったし、少し探ってみてもどこにもそのようなことは書かれていなかった。そのため半信半疑というか、どちらかというとほとんど無視するような心持ちのまま夏至の日の朝を迎えてしまう。

昼過ぎに部屋を出た僕が一階に降りたとき、ちょうどエレベーターの前で僕にこの古いマンションを紹介してくれた若い女性と出くわした。住み始めて二ヶ月ほどが経っていたが、この女性にマンションの中で出会ったのは初めてのことだった。それほどに、マンション内で出くわすということがなかったのだ。そんなわけで、僕はおかげさまで快適な東京暮らしができていることを簡単な挨拶代わりに伝えたのだが、彼女のほうはというとわりと大きな身振りでまん丸な目を僕に向けて「ちょうどご連絡しようと思っていました」とのこと。ならばということになってエントランスの脇でしばらく長い立ち話をすることになったのだが、そのにわかには信じられない、いやおそらく誰も真実だとは思わないにちがいない話を僕は無条件に本当のことだと判断した。何故なら、その不可思議さわまりない話の中で、まさに愛知県の二人の霊能力者の女性から伝えられていた夏至から七夕までの期間について同じように指摘されていたからだ。ただ、それを告げてきた人物があの平安時代の陰陽師・安倍晴明だったという点がかなりぶっ飛んではいたのだが。

ここで、その立ち話で僕が聞いた世にも不思議な真実の話をお伝えしよう。読者の皆さんにおいては、どうか先入観などとりあえず脇に置き去ってありのままを読み取っていただければと願うものだ。

その日、つまり夏至の日の午前中のこと、郷里の家のご近所に住む年上の女性から数年ぶりに電話があったそうだ。子どもの頃から近くのお姉さんという雰囲気で親しくしてきた気心の知れた女性とのこと。電話では、まずその二年前に女性の当時中学二年生だった息子さんが自転車に乗って帰宅途中、真横からタクシーにノーブレーキで突っ込まれるという交通事故の顛末が語られたという。自転車の少年は激しい勢いで七メートルも突き飛ばされ、固いコンクリートの上に頭から叩きつけられた。当然ながら血だらけになって倒れた少年を運転手をはじめ多くの通行人が取り囲んで救急車の到着を待っていたそうだ。たまたまそのときに少年の母親が買い物で近くを通っていて、いつもなら野次馬が集まるようなところには寄っていかないにもかかわらず、そのときだけは何故か気になって現場を覗いてみたという。血まみれで横たわっているのが我が子だとわかった母親は、びっくりして駆け寄ってはみたものの、息子の無惨な姿にただただ叫ぶように声をかけることしかできなかった。

救急車が到着し、隊員によって措置判断のための全身チェックが行われた結果、救急車で最寄りの病院に搬送するのではどうにもならないほどの重傷だということで、地域で一番大きな救急病棟がある総合病院にドクターヘリで向かうことになった。救急処置室に運び込まれてから三十分ほどが経過したとき、一人の医師が廊下に出てきてベンチで息子の回復を祈りながら待っていた母親に声をかけてきた。事故に遭った他の被害者はどの病院に搬送されたのかを聞かれたのだが、自分の息子以外には被害者は誰もいなかったという母親の答えに首をかしげるようにしていた医師は、信じられないような事実を困惑気味に伝えてくれる。

血まみれで意識不明の状態の少年が処置室に搬入されてきたとき、ドクターヘリに乗っていた医師からの事前情報で出血を伴う重度の頭蓋骨折が疑われ、頭部の緊急手術のために大量の血に染まった衣服を切り離した上で身体に付着した血糊も洗浄して複数の医師によって患部の特定作業が行われた。ところが、ダブルチェックにダブルチェックを重ねてみても、少年の身体にはわずかの擦り傷があるだけで出血するような傷も見つからないし、タクシーが激突したときにできたはずの骨折や打ち身さえ皆無だった。そのため、医師団はこの少年以外にタクシーにぶつけられた被害者がいて、その被害者が流した血が少年の衣服や身体に付着していたにすぎないと判断したのだ。

だが、母親から被害者は他にはいなかったと知らされた医師は、それではエックス線断層写真を撮って脳や内臓に問題がないか調べますのであと二時間ほどお待ち下さいと告げてから処置室へと戻っていった。こうしてさらに悶々とした時間が流れていき、先程の医師が再び顔を出してきたときにはこのように切り出してきたそうだ。

「脳にも内臓にもまったく問題はないようですし、幸い息子さんの意識も回復して話もうかがうことができ、ご本人も何も異常は感じないとのことです。むろん外傷もまったくないわけで、これではこれ以上病院にとどまっていただく理由がありませんので、今日のところはお引き取り下さってかまいません。また、何かの症状か後遺症が出るか、あるいは事故のときのことをご本人が思い出したときには是非ともご連絡いただければと思います。今回のような不思議な症例は我々も初めてのことで正直戸惑ってはいます。何せ、ドクターヘリに乗っていた医師の話では息子さんは確かに出血を伴う頭蓋骨折で生命の危険があったと報告しているにもかかわらず、どう見てもまったくの無傷で健常な状態なのですから。医師の中にはきわめて特殊なケースだということで興味を持っていて、今後も息子さんについての追跡調査をしてみたいと考えている者もおります。そのことについてはまたこちらからご連絡いたしますが、ともかくこれから息子さんに会っていただきますので、連れてお帰り下さい」

ともかくどこにも問題はないということで安堵した母親がその少年を連れて家に戻ったとき、病院では医師に向かっては黙っていたという少年の口から、本当に世にも不思議な話が母親に向かって語られていったという。

自転車に乗っていた少年が真横からタクシーに激突されて飛ばされ、地面に頭から叩きつけられたときから激しい悪寒と頭部の激痛で意識がかすれて文字どおり目の前が真っ暗になったときに自分は死のうとしているとわかった。死を前にした恐怖と若くして今生を離れなくてはならない無念さがこみ上げてきたとき、迷い込んでいた真っ暗闇の世界の中に突如一人の男が現れ頭を下げながら少年に詫び始めた。

「お前の命を護らなくてはならなかったのだが、自分の力をもってしてもどうすることもできなかった。まことに申し訳ないことをしてしまった、許してくれ。しかし、ここでお前が死んでしまうと世の流れが変わってしまうので、最後の手段として私の命をお前に分け与えようと思う」

そう言い残して立ち去ろうとするその平安装束の男に向かって少年が「あなた様はどなたですか？」と訪ねたとき、返ってきた言葉で自分が本当に生き返ることができると確信できたそうだ。何故なら、男は陰陽師・安倍晴明と力強く名乗ったのだから。実際のところ、安倍晴明が消え失った直後にあれほど激しかった痛みも恐怖も失せてしまい、気がつくと病院の救急処置室で医師団に囲まれて横たわっている自分がいたのだ。

自分の息子が、実はあの交通事故で死んでしまっていた！　それを自分の命を与えてまであの世から息子を送り返してくれたのが、小説や映画にも登場する平安時代の有名な陰陽師の安倍晴明だった！

そんなぶっ飛んだ話を息子から帰宅後に聞かされた母親は、当然ながら、やはり息子は事故のときに頭を強く打ったために気がふれてしまったのではないかと疑ったそうだ。しかし、数週間後には息子が語った話を信じざるを得ない光景に出くわしてしまう。それは、親戚の法事で檀家となっているお寺に行ったときのこと。寺の住職による法要の最中、同行した息子が退屈しのぎに手にした分厚い教典を見事な手さばきでパラパラパラッと一気にめくるや、そこに記されていたこれまで見たことがあるはずもない特殊なお経を早口ですらすらと唱えてしまったのだ。一つのお経が終わると、再びパラパラッと教典をめくり、やはりそこに記されていたお経を早口で唱えてしまう。これを何回も続けていた息子を見て驚いていた母親の目には、その姿が徐々に安倍晴明であるかのように映っていき、同様のことを初めて参拝に行った神社の拝殿で祝詞集を素早くめくりながら早口で奏上する息子の姿を見るにつけ、最後にはあの事故に遭った日に息子の口から語られたことが真実だったと確信できたそうだ。安倍晴明の命で生きていなければ、自分の息子がこんなことをさらりとやってのけることなど、とうていあり得ないことなのだから。

それからの二年間、少年は様々な機会に陰陽師としての能力を母親の前で披露し、通っていた中学校の同級生や近所の人達からは交通事故に遭ってからずいぶんと雰囲気が変わったと思われながらも、高校は県内有数の進学校に合格するなど、意義多い人生を歩むことができていた。それが、その夏至の日の朝に息子から告げられたそうだ。起き抜けの直前、夢のような映像の中に久しぶりに安倍晴明が出てきて、次のようなことを注意された、と。

「今年の夏至から七夕までの期間は千年に一度あるかないかのきわめて希な時期になっていて、この期間内に努力をすれば誰もが自分の魂のレベルを一気に高めることができる。従って君にとっても自分の命を少しでも取り戻す可能性がある期間となるが、その間にこの私が君の中に入ったままだと君自身の努力の邪魔になってしまう。そこで、今日から七夕までの間、私は君から離れておくことにするので、存分に努力してみたまえ。それでは！」

それを息子の口から知らされた母親は、仏壇の前に置いてあった教典を持ち出して息子に手渡しながら、いつものようにパラパラとめくりながらお経を唱えるように指示した。そうして、これまではいつも見事に唱えていた息子が今日に限っては一行たりとも読み上げることができなくなっていたことで、安倍晴明の言葉が真実だと悟ったのだ。それまでは自分の息子の中に安倍晴明が入っているということを決して歓迎はしてこなかったにもかかわらず、こうして安倍晴明が出ていったためにそれまで息子が見せていた常識では考えられないような能力が消えてしまったことを目の当たりにして、母親は七夕の日が過ぎたなら安倍晴明は本当に息子の中に戻ってきてくれるのか心配になってきたという。

そんな不安をどうにかして打ち消したいと思った母親は、小さい頃から自分の妹のようにかわいがっていた近所の少女で、今は東京で一人暮らしをしている親しい女性、つまり僕に白金の古いマンションの一室を紹介してくれた若い女性に数年ぶりに電話を入れた。せめて誰か息子のことも知っている気の置けない親しい人に、あの交通事故に始まる一連の安倍晴明事件の詳しい顛末を聞いてもらった上で、七夕が過ぎれば安倍晴明が戻ってきてくれるのではないかという言葉を投げかけてもらいたかったからだ。ところが、僕のマンションの女性は聞かされた話の内容があまりにぶっ飛びすぎていて、自分では何も言えないと正直に答えてしまう。藁にもすがりたい雰囲気が電話越しに伝わってきたためか、何とかしてあげたいと思った女性は不意に僕のことを思い出してこう返事したという。

「そんな難しいことは私にはわからないけれど、今度うちのマンションに面白い物理学者の先生が引っ越してこられたので、その先生に聞いてみてあげる。その先生はずいぶんと変わってる人だから、安倍晴明のこともわかるかもしれないし……」

そう告げて電話を切って、その日か次の日くらいに僕に電話をして聞いてみようと思っていたところに、ちょうど僕と一階のエレベーターの前で出くわしてしまったというわけ。まさに、飛んで火に入る夏の虫だったのだ、そのときの僕は。そんなトンでもない話につきあわされてしまって、何らかまともに取り上げていたならば、おそらくはもう二度とまともな理論物理学者の顔を取り戻すことはできないのだから。だが、一見、いや、一聞にわかには信じられないような話の内容だったにもかかわらず、僕はすべてを無条件に信じてしまった。その上で、出くわした女性に向かって、安倍晴明は七夕の翌日の朝になれば必ずその少年の中に戻ってきてくれるので、その母親には心配ないので安心して待つように伝えてくれとまで言いのけてしまったのだ。

そのときに湧き出てきた僕の強い確信の根拠というのが、この世では愛知県の霊能力者の女性二人だけが指摘していたその年の夏至から七夕までの期間が特別な期間で、努力すれば誰もが魂のレベルを高めることができる期間だということを、あの世の存在である安倍晴明が交通事故で瀕死の重傷を負っていた少年をとおしてこの世に知らせてきたという驚愕すべき事実そのものだった。

そして、僕が太鼓判を押したことで母親もまた安倍晴明が息子の中に戻ってきてくれるという安心感が生まれたと聞く。さらに特筆すべきは、予告どおり七夕の翌日の朝、少年の中に安倍晴明が戻ってくれていたということ。夏至の日から消え去っていた、交通事故以来身についていた平安時代の陰陽師でなければできないような不思議な能力が確かに蘇ってきたのだ！

六　安倍晴明との邂逅

夏至の日の朝に安倍晴明から重大なことを告げられてから、少年自身もとても落ち着いていられなかったようで、内心無事に再び安倍晴明の霊魂が戻ってきて自分を生かし続けてくれるのか不安だったそうだ。そしてそれを息子から聞いた母親もまた同様の心配でたまらなくなり、妹のようにかわいがってきた幼なじみの女性に電話で相談したところ、たまたま同じマンションに引っ越してきたばかりだった変わり種の理論物理学者であるこの僕にその一部始終を伝えた。その結果、僕がその話がすべて真実であり、安倍晴明の霊魂は絶対に戻ってくると言い切ったことで、息子も母親も落ち着いて七夕までの大事な期間をすごすことができたそうだ。

母親からは丁寧なお礼状をいただいたのだが、その中には普通なら笑い飛ばして信じないはずの安倍晴明にまつわる今回の話を真剣に聞いた上に、七夕の翌日には安倍晴明が必ず戻ってくると保証してくれたということで、その少年がこの変な理論物理学者に興味を持つようになり、いつか東京に僕を訪ねていきたいとまで願っていると記されていた。ともかく、二人の親子の役には立てたのかもしれないが、わざわざ僕に会いにくるというのはリップサービスだろうとのんきに考えていたところ、その年の夏休みが終わる直前の八月二十七日には本当にその少年が僕に会いに上京してくることとなる。

部屋を紹介してくれたマンションの女性から直前にそれを知らされた僕は、いささか困惑してしまう。何故なら、少年が上京してくるという日の午後一時から五時過ぎまで高田馬場近くで、僕の講演会が予定されていたのだ。だから、昼前に東京に到着してくれても午後を無駄にすごさせてしまい、会えるのも夕方六時以降になってしまう。せっかく遠くから新幹線でこの僕に会うためにやってきてくれるのに、ずいぶんと時間を無駄にさせてしまうことになる。それを申し訳なく思った僕が最終的に下した判断は、少年を品川駅まで迎えにいくその女性に講演会の詳しい案内状をわたした上で、少年を連れて二人で講演を聴きにきてくれと頼むということ。むろん、講演会の主催者にも僕の招待客が二人飛び入りで参加すると伝え、許可も得ておいた。

その講演会は日本における心霊主義運動の父と呼ばれる浅野和三郎が大正から昭和にかけて活動し、太平洋戦争で休止していたいくつかの団体が母体となった歴史ある学術団体「公益財団法人日本心霊科学協会」が主催するもので、初めてそこから講演を依頼された僕は一時間ほど早めに会場に赴き、理事長や副理事長の方々と応接室で歓談していた。今日は日本人で初めてノーベル賞を受賞した理論物理学者の湯川秀樹博士の「素領域理論」を用いて「霊魂」というものの存在を基礎物理学の枠組の中で論じてみせますなどと話していたとき、あと二十分ほどで講演会が始まるというタイミングで受付の女性が一人応接室のドアを開け、僕の招待客二名が到着したのでこちらにお連れしましたと告げてくれた。礼を伝えた僕がふとその女性の肩越しに廊下の先を見ると、向こうからこちらに歩いてくる少年を品川駅から連れてきてくれた若い女性の後ろに、いかにも地方の純朴な高校一年生といった夏の制服姿の少年の姿が見え隠れしている。あ、あれが安倍晴明の命をもらった少年か、と思う前、その少年と目が合ってしまった僕は応接室の中に立ち尽くしたまま、こわばった身体をぎしぎしと折り曲げて深々と礼をしてしまう。

そう、地方の私立女子大学とはいえ、長年勤め上げた大学教授の職を定年で辞した直後の物理学者が、高校生になったばかりの少年と目が合った瞬間にこちらから深く敬礼してしまったのだ。周囲から見ればまさに正反対の状況しか想像できなかったにちがいないが、そのときの少年の目と表情は単なる高校一年生のそれではなかった。まさに陰陽師の大先輩である安倍晴明が現代に蘇ったかのような、魑魅魍魎のすべてを射抜いて霧散させることのできる厳しく鋭い眼光を放ちながら一瞥された僕にできることは、ただただ深く頭を下げて最大限の敬意を表することだけだった。そこに如何なる議論の余地もなく、その少年が確かに安倍晴明の命をもらったという絶対的な真実だけが僕を圧倒していたのだ。

僕のその異常な行動を見ていた理事長と副理事長が進行係の人に呼び出されて講演会場に向かうとき、ともかく僕がよほど大事にしている二人が今日こうして招待されていたのだとは理解して下さり、進行係の方に二人を先に招待席に誘導するように命じてくれた。そのため、その時点では少年の口から発せられる安倍晴明でなければ語られるはずもない言葉を、僕はまだ耳にすることなく会場へと向かっていった。

理事長の方の開会挨拶に続いて講師である僕についての簡単な紹介がなされ、それを受けて登壇した僕は軽い話題から始めて舌の動きをウォーミングアップしながら、いつものようにざっと会場の中を見渡してその日の聴衆の皆さんの様子を把握していた。そのとき窓際にあった招待席の中に、確かに先程初めて会った高校一年生が座っているのが目に入ったのだが、今回はまだまだあどけなさの残った少年の表情で純朴な雰囲気が見て取れたため胸をなで下ろした。何故なら、もし聴衆の中にその少年の身体に安倍晴明の霊魂が入り込んでいるような状況で、霊魂について湯川秀樹博士の素領域理論の枠組の中で論じるということなどやりにくいことこの上ないのだから。

だが、もし講演の途中で安倍晴明の霊魂がさっきの応接室でのように表面に出てきてしまったなら、僕が急にしどろもどろになって話をうまく進めることができなくなってしまうかもしれない！　そう危惧した僕は、本題に入る前に聴衆の皆さんに向かって事前に弱音を吐いておくことにした。つまり、今日の会場には実は僕の先生がお出でになっているために非常にやりにくい環境なので、途中でよたよたとした講演しかできないかもしれません、と、はっきりお伝えしたのだ。講演後の懇親会の席上で教わったのだが、それを聞いていた理事長の方は僕の先生というからには八十歳以上のお年寄りのはずだと考え、講演の間中ずっと聴衆の中に爺さんを見つけてはこの人かどうかと思案していたとか。

幸いにも、招待席の少年は終始少年の表情のままで真剣に耳を傾けてくれ、僕は無事に講演を終えることができた。後はその少年と保護者代わりの同じマンションの女性といっしょにどこかで夕食を取りながら、少年本人の口からあの不可思議きわまりない交通事故と安倍晴明に助けられた物語を聞き出そう。そう考えていた僕が応接室で理事長と副理事長のお二人に別れの挨拶を切り出したとき、二人は顔を見合わせて困惑した雰囲気で僕に嘆願するような目つきになっていた。実は、毎回このような外部講師による講演会の後で、理事長や副理事長の他に古くからの会員やスタッフの方々と懇親会を開くことになっていて、その日も既に近くの店に席が設けられていたそうだ。

皆さんが大変に喜ばれるし期待して既に店で陣取っている古参の会員がガッカリしますと告げられた僕も大いに困ってしまう。いささか口幅ったいようだが、僕は昔から情に弱く困った表情を見せられたとたんに相手のために最大限の譲歩を示してしまうのが常だった。むろん、このときとて例外ではなく、何とか理事長と副理事長の方の顔をつぶさないようにしようと思案した結果、一つの折衷案を提案した。それは、懇親会に僕が条件付きで参加させてもらうということだったのだが、その条件というのが安倍晴明に助けられた少年と僕と同じマンションに住む若い女性も同席させてほしいというものだ。こうしておけば、両者ともに不義理を果たさなくてすむのだから。

そんないささか身勝手な提案を快く受け入れて下さった理事長さんの案内の下、スタッフや古参の会員の皆さんが待つ店に移った僕はそこで安倍晴明であればこその言葉を耳にし、その少年が確かに安倍晴明その人であることに何の疑いも挟む余地がないことを思い知らされてしまった。

それは、少年の口からふとしたことで出た「泰山府君《たいざんふくん》」という名前をご存じでなかった副理事長の方に、つい一ヶ月ほど前に初めてその名前を聞いていた僕が一日の長があるのをいいことに「安倍晴明の陰陽道の先生で陰陽師の神様として奉られている中国人です」とお教えしたことに端を発した。その僕の発言にあたかも重大な真意が隠されていたかのように、後を引き継いだ形でその少年が泰山府君の下に二度目に留学したときのことをとうとうと語ってくれたのだ。その驚くべき内容については次節で詳しくお伝えするつもりだが、ここでは僕がその時点で何故に泰山府君について知っていたのかについて補足しておこう。

実はその一ヶ月ほど前のことになるが、安倍晴明が描かれた国宝の巻物がある京都御所に隣接する浄土宗総本山のお寺で初めて「泰山府君祭」が執り行われたとき、伯家神道の神官の依頼で僕も少しお手伝いをすることになったことがあった。そのときに初めて「泰山府君」という名前を陰陽道の神様として耳にしたのだ。もちろん、それだけであれば単なる浅いレベルの知識として「泰山府君」の何たるかを知っていたにすぎないのだが、ほぼ同時期にまさに後ろ髪を引かれる不思議な想いによって「泰山府君」に導かれてしまったことがあった。

その、とうてい偶然とは思えない「泰山府君」との不可思議な出会いの場所が、荒涼とした富士山麓の一角だったという事実も、やはり「次元融合」によって薄くなってきていたこの世との境を抜けるようにしてあの世から僕への働きかけがあったことを彷彿とさせてならない。そのときの経緯というのが、実に次のようなものだったのだから……。

あれは伯家神道の巫女と神官に誘われて、富士吉田近郊に残されていた「御師《おし》」と呼ばれる富士山信仰の拠点となっていた旧家に行き、そこに江戸時代から残されていた様々な神拝作法秘伝書の写本を見せていただいた後のことだった。山梨県側の富士山麓の原野を切り開いて設えられた神道系新宗教の神社を訪問したいという神官の希望があったため、僕と巫女も同行することになったのだ。富士急富士吉田駅からはタクシーで三十分ほどの道のりで、運転手の方の話によれば既にかなりの高度まで上ってきているようだった。周囲は見渡す限りの原野で、帰りのタクシーを呼んでもらえるのかが心配になってきていたとき、ふと原野の一部が切り開かれて何か御社のような黒っぽいものがあるのが一瞬だけ目に入った。気になった僕が運転手の方に聞いてみたのだが、このあたりに何かあれば知っているが何も知らないという返事のみ。あまりに話題にするのを見かねた神官と巫女が、帰りのタクシーでちょっと寄ってみましょうと提案してくれた頃には、目的地の神社に到着した。

参拝の後に少し離れた場所にあった本部の応接室に通されて宮司や事務局の方々と歓談したのだが、富士吉田までの帰路を事務局長さんの車で送って下さることになった。その車中、急に文字どおり後ろ髪が引かれたと感じた僕が振り向くと、車窓には往路で気になっていた原野の一角が後方に消え去っていく。刹那、すみません止めて下さい、と事務局長さんに声をかけてしまったため、急ブレーキに近い状況で停車。怪訝な顔で運転席から振り向いた事務局長さんに向かって、通り過ぎた道路の右側に何かがあって気になってしかたがないので寄り道させてもらえないかと伝えたところ、うなずきながら「あの土地は所有者の方から寄進されて私どもが管理はしているのですが、かなり昔に建立された南朝の天皇を奉る御社だと聞いています」と教えてくれた。

車から出て近づいてみると、確かに「南朝神社」と記された古い御社があったのだが、僕の後ろ髪が引かれたほどの霊的な雰囲気は皆無だった。おかしいと思った僕が何気なく周囲を見渡してみたところ、少し離れたところに何やら巨大な石碑のようなものがあり、明らかに幻妖な雰囲気を醸し出していた。行き帰りの車の中の僕に何かしらの働きかけがあったのは、あの石碑をとおしてだったにちがいない！　そう確信できた僕が早足で近づくにしたがって浮かび上がってきたのは、そう、まさに「泰山府君」と大きく彫り込まれた古書体の文字だったのだ。

事務局長の方の話では、この巨大な石碑自体の由来はわかっていないそうなのだが、この地には縄文時代に一大文化を誇った富士王国があり、一説によると泰山府君は晩年この地に来て世を去ったという……。しかし、そんな正体不明の泰山府君の石碑が、どうして僕を引き止めたのだろうか？　陰陽師の末裔であることも忘れ、安倍晴明にもまったく興味を持っていなかったそのときの僕でさえ⁉

七　重陽の節句と護符

前節でお伝えしたように、安倍晴明の命をもらって蘇ったという少年の口から泰山府君という名前が出たのを受け、医学系の大学教授を定年退官された副理事長の方がそれは誰なのかと聞き返したときに僕が生兵法でしゃしゃり出るのを制するかのように、その少年は安倍晴明しか知り得ない事実をとうとうと語り始めた。それは、伝説や小説の中では宿敵と捉えられている呪術師芦屋道満についての、これまで何人も知ることのなかった真実についてだった。

安倍晴明が陰陽師として頭角を現して朝廷のお抱えとなるのは中国に渡って泰山府君から陰陽道の奥義を授かり、その秘伝の巻物を持ち帰ってからのことで、既に三十歳を過ぎていたという。時の天皇の前で当代一の呪術師芦屋道満と雌雄を決するとき、天皇の側近達が相談して布袋の中に果物を入れて袋の口を閉じておいたものを二人の前に示し、その中身を両者に当てさせるということがなされた。このとき芦屋道満はその中身が何個の果物だと見事に霊視し、その場にいた側近達を震撼させた。直後に安倍晴明が中身を何匹のネズミだと指摘したときには、これで芦屋道満が勝って天皇に召し抱えられることになると側近達は確信した。そして、天皇の命によって袋の口が開かれたときに出てきたのは、安倍晴明が陰陽道の呪術によって果物から変容させたネズミだった。そのため、あらかじめ袋の中身を知らされていなかった天皇が安倍晴明の勝ちとして以来、安倍晴明は常に日の当たる道を歩み続け、本当は勝っていたはずの芦屋道満は野で悲惨な境遇に身を落としてしまうのだ。

ここまでのことは、安倍晴明に興味を持つ方々にはよく知られたことだし、伝説や小説の中でもそのような場面が描かれることが多い。だが、その少年が安倍晴明の魂から発せられる言葉として語ってくれたのは、これまで決して描かれることのなかったその後の二人の間での確執から融和に至る出来事についてだった。

それによると、安倍晴明が妻を残して再度中国に渡ったとき、その留守宅の妻に接近した芦屋道満は言葉巧みに身も心も捧げるように操ったあげく、安倍晴明が自宅に隠している泰山府君からいただいた陰陽道秘伝の巻物を持ち出してこさせたそうだ。そしてその中の最高秘伝が記されている一本の巻物にあった恐ろしい呪術を使い、中国にいる安倍晴明を殺害しようとしたのだ。しかしながら、霊力によってその悪巧みを知った泰山府君は、安倍晴明が殺されないようにその最高秘伝の巻物に記してある呪術そのものを完全に無効にしてしまった。

結局のところ、話に強く引き込まれていたために興味が湧いてしまった僕は、陰陽道の師である泰山府君によってかろうじて窮地を脱した安倍晴明が芦屋道満の非情な仕打ちの一部始終を知って急ぎ帰国した……というところまで語っていた少年を制し、アルコールの勢いもあってかなり激しい口調で問いただしてしまう。しかも、目の前の少年がそのときの安倍晴明自身であると確信していたためか、関西弁でまくし立ててしまった（安倍晴明は今の大阪市阿倍野区の生まれだった）。

「ほならお前なー、中国から戻ってきてすぐに芦屋道満をメッタ切りにして殺したんやろナー。そいで、返す刀でお前を裏切った嫁さんもブチ殺したったんやろナー。何ならワシが持ってるレミントンの近接制圧銃貸したろか!?」

感情に振り回された普通の男の共感をそのままぶつけられた少年は、しかしながらとても田舎の高校一年生の男子生徒の言葉とは思えない言葉を淡々と発してきた。

「いいえ、僕は二人とも完全に許しました。ですから、二人を殺したりなどしていません。それに私に許されたことで芦屋道満も失いかけていた正道を取り戻すことができ、その後私と芦屋道満の二人は互いに切磋琢磨して陰陽道を究めていく親友として生きていきました」

完全に想定外の返事を、しかもどちらが子どもでどちらが大人かわからないような返事を喰らってしまった状況の僕は、半ばやけっぱちの関西弁で応戦していた。

「お前ナー、そんなんアリかー⁉　嫁ハンを寝取った上に、利用してお前を殺そうとしたヤッチャでー。ブチ殺しても足りんはずや。それを、許した上に親友になったやて⁉　お前、気、確かカー⁉　ナー、そんなんお前がかわいそすぎるワ。ダイイチにな、嫁ハンの始末どうすんネン⁉」

意外だったが、ここでは安倍晴明としての本音が返ってきたように思われたため、僕自身もようやく冷静さを取り戻すことができた。それは、少年の口から出たこんな言葉がきっかけとなったのだ。

「許した妻に関してはそのまま芦屋道満と暮らすように仕向けましたので、僕はその後数人の若い女性と楽しくやっていくことができたため、どちらかというと嫁には感謝しています」

ともあれ、その少年をとおして安倍晴明が語ってくれた事実は、これまで一般に知られていた伝説の内容とはかなりちがったものであるため、にわかには信じがたいものではあるが、冷静に考えると安倍晴明ほどの人物であれば確かに芦屋道満を許して切磋琢磨していくうちに無二の親友となるのが自然ではないだろうか。僕自身もそのように考えていくうちに、目の前に落ち着き払って座っている初対面の少年が安倍晴明の命を授かったというのは真実だと確信するようになった。

少年を挟むように座ってその異常な会話を聞いていた理事長と副理事長の二人もまた、どうやらこの少年が口にすることはあながち嘘ではないようだと思い始めたのか、彼等も少年に向かっていくつか質問をするようになる。中でも、平安時代ではなく、近代から現代にかけて陰陽師の存在があったのか否かについて聞かれたとき、再び芦屋道満について語ったときと同じ無機的な目つきとなった少年は僕がまったく知らなかった驚愕の事実を披露してくれた。それは、太平洋戦争が始まる前に、大日本帝国陸軍の中に陰陽師による呪術部隊が秘密裏に編成されていたというものだ。

それによると、全国から集められた当時の陰陽師達の任務は、彼等の霊力を駆使した呪術によって敵国アメリカ合衆国の大統領であるフランクリン・ルーズベルトをこの世から抹消することだった。そして、まさにその呪術が効果を示した結果、ルーズベルト大統領は開戦からまもなく他界してしまう。一般には病死とされてきたルーズベルト大統領の死の真相が、実は大日本帝国陸軍が密かに編成していた陰陽師呪術部隊の遠隔抹殺作戦によるものだったなどとは、この僕をはじめそれを聞いていた理事長や副理事長のお二人も初めて耳にすることだ。だが、そのときの少年の目が明らかに安倍晴明の魂を映し出していることに気づいた僕は、大きくうなずきながら陰陽師が持つ底知れぬ力に思いを馳せていた。

翌日の昼過ぎ、僕は毎月開催していただいている講演会のために新幹線で神戸に向かっていた。そのとき主催者の方から送られてきたメールが携帯電話に転送されてきたのだが、見るとその日の夜七時からの講演会に出席予定の参加者のお一人からのリクエストのようだった。その内容は、ちょうど重陽の節句にあたるので、何か重陽の節句にちなんだ話も入れていただけないだろうかというもので、その方は前年の重陽の節句には酒杯に月を映し込んで飲み干したとのこと。これには、困り果ててしまった。何故なら、そもそも僕にはその「重陽の節句」というのが如何なるものなのかさっぱりわからなかったし、ネットで検索しようにもスマートホンや携帯端末などの洒落た機器は持ち合わせていなかったからだ。これでは、どう転んでもせっかくのリクエストに応じてさしあげることなど不可能。

新幹線の車中で思案していたとき、不意に僕の古い携帯電話が振動し、メールの着信を知らせてきた。見れば僕の部屋を紹介してくれたあの若い女性からで、安倍晴明の命をもらって生き返ったという少年がまもなく東京駅から帰路に就くが、昨日の僕との面会に感謝していることを伝えたいというものだった。ということは、少年はまだ新幹線ホームあたりにその女性といっしょにいるはずで、折り返しのメールで連絡できる！　そう閃いた僕は急いで返信し、重陽の節句について安倍晴明として何か伝えたいことはないか問いかけてみた。

ほんのわずかの沈黙を置いて返ってきた返事は、これまた不可思議な一言のみ。

「麒麟《きりん》が動く」

え、麒麟？　一瞬何のことかわからずよけいに困惑してしまったのだが、新幹線の心地よい振動に身を任せていくうち徐々に冷静になっていった僕の頭に、不意に昔聞いていたことが思い出された。それは麒麟というのは首の長い動物のキリンのことではなく、ビールのラベルにも印刷されている神獣であり、その役目が神の使いとされることからシンボル的には神そのものを意味するということ。

ということは、その日、重陽の節句に「麒麟が動く」ということは「神が動く」ということを表すことになる。具体的には不明だが、とにかく重陽の節句には何らかの神様の使いが動いたり、場合によっては神様そのものが動いて下さるということなら、これは悪いことではなさそうだ。そう感じた僕は、その日の夜の七時から神戸であった講演会に臨んだとき、開口一番胸を張って話し始めた。「重陽の節句について何か一言お願いしますとメールで連絡して下さった方はいらっしゃいますか？」と聴衆の皆さんに声をかけたのだが、まったく返事もないし手も上がらない。主催者の方が「そういえばいつもお出でなのに今日はお顔を見てないなー」と言いながら場内を見渡してもどこにもいらっしゃらない。結局その問い合わせをいただいた方は最後まで会場には現れなかった。

うーん、わざわざ事前に主催者にメールを送って今日の講演会では是非とも「重陽の節句」について何か語ってほしいと依頼してきたくらいなのに、どうしてその本人が講演会に来ていないのだろうか？　あるいは、ご本人はお出でになるつもりだったにもかかわらず、何らかの急用かちょっとした事故のために来られなかったのだろうか？　しばらくは気になったのだが、最後になって腑に落ちる考えが頭に浮かんできた。それは、安倍晴明から僕に「今年の重陽の節句には神様か神様の使いが動く！」という予言を伝えるための引き金の役目をしてくれただけであって、実際にその引き金となったメールを送ってきて下さった方が僕の講演を聴く必要はなかったというもの。

ともかく、こうして僕は重陽の節句に向けての重要な情報を手にすることができた。そして、それは単なる僕の思いすごしなどではなく、確かに何らかの真理を反映したものだったようで、その重陽の節句が過ぎて一週間ほどのタイミングで、安倍晴明の命を授かった少年が僕の身を守るための護符を作って送ってきてくれたのだ。見れば掌サイズの紙片の中央に赤い五芳星が描かれ、その上に僕には判別できない流暢な旧字体の漢字が並んでいたのだが、読みとれたのは最初にあった「泰山府君」と「北斗星」いう部分だけだった。

まあ、あの少年が「重陽の節句から神様が動く」ということを教えてくれたわけだから、この護符は僕にとってこれからは特に大切なもののはず。そう思った僕は、護符の紙片を汚さないように常に持ち歩けるようにと、いつもジーンズのカーゴポケットに入れている手帳を取り出して透明なビニールカバーの下に入れ込んでおいた。こうしておけば、いつも護符に守られていくことになるのだから。

その一週間後の日曜日、名古屋経由で岡山に移動するため最寄りの品川駅から新幹線に乗り込んだ。新横浜を過ぎたあたりで手帳を取り出そうと思ってジーンズのカーゴポケットに手をやると、いつも入れてあるはずの手帳がなかった。ひょっとして座った勢いでポケットから落ちたのかと思い座席の下などを探してみたのだが、どこにも見あたらない。ということは、時々やってしまうのだが、部屋を出るときに手帳を入れるのを忘れてしまったにちがいない。まあ、今回の短期間の移動でのスケジュールは頭に入っていたので困ることもないし、東京に戻って部屋の机の上に置いたままの手帳が見つかるはず……。そう思った僕は、睡魔と心地よい振動に身を預けているうち、いつものように新幹線の中で深い眠りに落ち込んでしまった。

数日後、東京に戻った僕は夢の中から一気に現実に引き戻されたかのような混乱に陥ってしまう。そう、部屋の中でいつも置いてあるテーブルの上にあると思っていた手帳が見つからなかったのだ。むろん部屋中隅々まで探し、何着もある同じ型のジーンズのすべてのカーゴポケットも探し、大掃除を兼ねて押入の中や戸棚の奥の奥まで漁ってみたのだが、どこにもなかった。つまり、数日前の日曜日に部屋を出て品川駅に向かう間に落としてしまったのか、あるいはその前日か前々日に都内のどこかで落としたのかもしれないということになる。

これは、大変なことになってしまった！　何故なら、今後の行動予定はその手帳の中にしか書き込んでなかったし、インターネット時代に必要な様々なユーザーIDやパスワードの類もまとめて記入してあった。幸いにも後者については一年前の手帳にも同じIDとパスワードが残っていたので、ネットを利用するのにはそれほど困りはしなかった。ただ、もし手帳を街中や電車やタクシーの中で落としていて、それを拾った人が警察に届けずに僕のIDを使ってネットで犯罪行為をしてしまうことがあったら一大事。それぞれのネット管理者に連絡してパスワードを無効にしてもらう必要が出てきて、その手間はかなりのものになってしまう。

まあ、それでも相応の努力をすれば解決してしまうことではあるのだが、不幸なことに行方不明となった手帳にはまだ十月以降のその年のスケジュールがぎっしりと書き込まれていたし、翌年の行動予定についても既に決まっていたものについては記入されていて、その手帳以外にはどこにも書き留めてはいなかったのだ。ということは、そう、早速に明日からの自分自身のスケジュールがまったくわからなくなってしまったわけ。かろうじていくつかについては頭に記憶してあったが、大多数の予定については手帳を見なくてはさっぱり思い出せないのだ。しかも、各地での講演予定や面談の日時や場所までもが急に不明となってしまい、このままでは多くの皆さんに多大なご迷惑をおかけしてしまうことになる！

何度部屋の中を隅々まで探しても見つからないということは、明らかにどこか外で落としたということになると考えた僕は、それからの数日間を使って最後に手帳を使った記憶のある日から紛失したことに気づいた日までに利用したすべての私鉄や地下鉄、さらには新幹線からJR在来線やタクシー、はたまた立ち寄った公共施設や大型店舗に至るまで落とし物係りの窓口に問い合わせまくった。僕の比較的長い人生の中でも初めてのことだったのだが、驚くべきことにどこもとても親切に対応して下さり、すべての拾得物についてはコンピューターに入力済みとのことですぐに調べていただけたのだ。残念ながら、そのどこにも届いてはおらず、ひょっとして歩いていたときや、タクシーの乗り降りのときに車外に落としてしまったのではないかと考えた僕は、最後の希望を警察にかけることにした。

最寄りの高輪警察署の遺失物係りに電話してみたところ、これまたとても親切な対応をして下さり、拾得物の中から僕の手帳と同じ特徴があるものを探していただき、それもちがっていたことがわかった時点で、ひょっとして都内の他の場所で落としていた場合のことを考えて警視庁の連絡先までも教えてもらえた。いやー、これほどまでの落とし物ネットワークが完備していたとは、それまで落とし物などしたこともなかった僕にとって、とても大きな、そしてある意味でさわやかな新発見ではあった。だが、最後の砦の警視庁遺失物係りでも、僕の手帳は出てこなかった。

今後のスケジュールについては、幸いにも出版関係の打ち合わせや、講演会、さらには様々な方々との面会の日程についても僕の秘書の手帳にも細かく記入してもらっていたので、すぐに日程表にして見せてもらえた。だが、but、しかし。秘書に内緒で決めていた僕の個人的な面会予定については、もはやどうあがいてみたところで復元することなどできない相談だ。これには本当に困ってしまった。過去一年間に送受信したすべてのメールの中から何時にどこそこで会おうという雰囲気の文字列をキーワードにして検索してみたりなどして、あらかたは見つけ出せたのだが電話や口頭でアポイントを取ったものについてはどうしようもない。ここまで努力したのだから、これで無断キャンセルになってしまう方々とは初めからご縁がなかったのだと、最後は高慢極まりない気持ちになって自己正統化してしまう以外に方法はなかった。

こうして最大限の努力をした結果、手帳を紛失して被ることになるトラブルのまあ八割がたは解消できたのではないだろうか。しかし、絶対に解消できない、しかも最大級のトラブルが残されていたことに気づいた僕は愕然としつつ、正直に霊的な能力にすがっていくことにした。そう、なくなった手帳のカバー裏には、あの安倍晴明の少年が用意してくれた特別な護符が挟み込んであったのだ。これからの世界に多々現れるであろう障害や危険からこの僕を守ってくれる大事な護符が消えてしまったということは、僕は完全に無防備状態となってしまったことになる。それはまずいと気づいた僕は、代わりの護符をもらおうという本音もあって、安倍晴明の命をもらった少年に連絡し、護符を入れてあった手帳が消えてしまったと伝えた。

ところが、ところがだ。その少年の返事はわずか一言の実に素っ気ないものだった。「護符は長月のうちに出てきます」

まったく想定外の返事に一瞬たじろいでしまったのだが、考えてみれば陰陽師の安倍晴明が背後にいる少年が護符が出てくるというのだから、護符が入った手帳も見つかるにちがいない。そう思ったとたん、ともかく大きな安心感が湧き出てきた。何故なら、長月といえば旧暦で九月か十月を表すはずだったと思い出せたため、そうかまもなく戻ってくるのかと理解できたからだ。それまでは、復元できたスケジュールで何とかやりくりしていさえすれば、そのうち手帳のほうからひょっこり顔を出してくれる！

こうして翌日からは何とか復元できたスケジュールに従って動いていったのだが、その最初は麻布の茶坊主さんが懇意にしている溜池山王近くのフランス料理屋でご一緒にワインを飲むというものだった。共通の知り合いということで、横浜で中国医学の学校で校長をなさっている女性も呼んで下さっていて、楽しいひとときをすごすことができた。そのさなか、僕は安倍晴明の少年が最後に言い残していたことを突然思い出した。

「長月のうちに見つかりはしますが、探す努力を怠ってはいけません」

そうだ、手帳を探す努力だけは続けておかなくてはいけなかった！　そう気づいた僕の目の前に座って笑顔でワインを飲んでいるのが最も信頼する予言者だったことに気づいた瞬間、口を衝いて出てきたのはこの前手帳をなくして困っているという泣き言だった。「え、それは大変ですね、どこまで見えるかわかりませんが、守護霊団にうかがってみましょう」

そう言ったかと思ったら、瞬時にいつものカウンセリングのときの顔つきになって宙をにらんでいた麻布の茶坊主さんは、普通の表情に戻ってからこんなことを教えてくれた。それは、僕の手帳はゴミとして焼却されてはいなくて、ちゃんと手帳の形状のままで存在している。まったく人目につかない日の当たらない暗い場所にあるということまではわかったが、それが具体的にどこかということまでは申し訳ないがわからなかったというものだ。

うーむ、麻布の茶坊主さんにしてそこまでということなら、もはやこれ以上に探す努力を続けてみたところで消え去った手帳を見つけ出すのは文字どおり暗中模索の徒労に終わってしまうはず。そう観念した僕は、気にはなりつつも消えた手帳のことはいったん忘れてしまうことにした。

八　隠遁者様現る！

その四日後の土曜日の午後のこと、僕は秘書を伴って品川に新しくできた外資系の高層ホテルのラウンジにいた。著名な霊能力者の女性が、天上界からの指示で急ぎ僕に会わなくてはならないというのだ。その女性とは二回お目にかかったことがあるというだけで、直接に会話したのもほんの挨拶程度のことだけだった。それが、天からの声に動かされて僕に連絡し、こうして品川まで出てきて下さったのだ。どんなご用件ですかと尋ねてはみたのだが、当のご本人も「とにかく天上界からは保江邦夫に会えとしか伝わってこなかったので用件まではわからない」と繰り返すのみ。

そんなわけで、ホテルのラウンジで実際にその女性霊能力者と会ってみたときも、何か話し合いのテーマがあったわけではない。しかも、そのとき会ったのがまだ三回目でしかないこともあって、お互いにコーヒーを飲みながら「いったいぜんたい何の話をすればよいのだろうか？」と探りを入れつつあった。そんなとき、目の前の女性が評判の高い霊能力者だということから一計を案じた僕は、忘れてしまうつもりだった手帳の行方を彼女に聴いてみることにした。

ともかく、それで会話をスタートさせることには成功したのだが、会話というよりはむしろ一方的に彼女が話し続けていく独白のようなものではあった。すぐに白目をむいたような不思議な表情になった霊能力者の女性は何やらブツブツと言いながら何度もうなずき、最後には普通の表情に戻ってから自信たっぷりに消えた手帳の行方について教えてくれた。

それによると、僕の手帳はどこにも行ってはおらず、僕の部屋にちゃんとあり続けているとのこと。ただし、この僕のタイムライン（世界線）上にではなく別の次元に入り込んでいるため、通常の次元で見た部屋の中には見つからないのだそうだ。では、どうすれば手帳を取り戻せるのかというと、何でも僕が無事に使命をまっとうして僕のタイムラインと手帳のタイムラインが重なったとき、手帳は僕の部屋の中に忽然と現れてくるとか。

えー、そういえばこの女性がメンバーに入っていた会合に半年ほど前に参加していたとき、彼女は僕とまだ会って二回目だったにもかかわらずわざわざやってきてこんなぶっ飛んだことを教えてくれたことがあった。「今日の参加者は皆さんそれなりに魂が解放されていらっしゃいますが、さっきから拝見していますとお一人だけ頭が完全に開いて太い光で宇宙につながっている宇宙人がいらっしゃいました。驚いて普通の精神状態に戻して見たら、何と貴方様でした」むろん、そのことを忘れるはずもなかったため、その霊能力者から僕の手帳はより高次元の世界で僕の部屋にあり続けていると聞いたときには、それなりに納得はしていた。

だが、SF映画や小説ならいざ知らず、この現実世界の中でそんな魔法のようなことが本当に起きるのだろうか？
そんな疑問を払拭できずにいた僕の心の奥底を見破ったのか、しばらく無言でコーヒーを飲んでいた彼女が次に口を開いたとき、そこから出てきた声の調子はがらりと変わっていた。ついさっきまでは関西なまりの軽やかかで上品な女性口調だったにもかかわらず、まるで僕を男言葉で諭すかのような雰囲気になってしまったのだ。ゆっくりと会話するのはその日が初めてだというのに、僕を上から目線で様々に揶揄していく。そのことに内心腹を立て始めたことまで見抜かれたかのように、さらに強い口調で言い放たれたのは「お前はまだ私が誰かわからないのか！」という叱責の声だった。しかし、いくらそう怒られたところで、目の前にいるのはそのときが会ってまだ三回目の霊能力のある著名な女性だということ以外には、まったくもって何もわかっていないというのが正直なところだった。そのため、僕はポカンとした拍子抜けの表情だったにちがいない。ついに堪忍袋の緒が切れた相手は、大きく目を見開いて言い聞かせるように言葉を選んでいった。

「まだわからぬようだから、お前と私しか知らないことを話してやろう。思い出すがよい。私が長崎の五島から広島に移ってきたとき、お前はわざわざ私を追ってきたではないか」

その言葉はこの僕にすべてを悟らせるに充分なものだったのだが、そのときの目の前の女性の目はまるで隠遁者様そのものの目のように慈悲深く輝いていた。その慈悲の光に導かれてほとんど無意識に「三原の隠遁者様なのですか!?」と問いかけた僕は、もう既に確信していた。生きていらっしゃるときに二度、そして天に召されてからもなお一度この僕を救って下さったキリスト教カトリックの隠遁者ことマリア・ヨパルト・エスタニスラウ神父様が目の前にいらっしゃるということを!

エスタニスラウ神父様はスペインのモンセラート修道院で隠遁者に選ばれ、修道院の裏の険しい岩山にある洞窟の中に一人で住みながら厳しい修行と神への祈りの日々を送っていた。修道院では修行としてグレゴリオ聖歌を歌うことか、キリストの活人術を学ぶことかのどちらかを選ぶのだが、彼は珍しくキリストの活人術を修行していた。そのため、岩山でマルコ神父様と二人だけで格闘技のような激しい修行を続けていた。あるときなど、ちょうど訓練で通りかかったスペイン陸軍のレンジャー部隊の強者どもが取り囲んでからかってきたのだが、その数分後に立っていたのは二人の神父だけだったと聞く。

そんな荒行と平和の祈りに明け暮れていたとき、イエス・キリストが現れ「ハポン(日本)に行け」と命じられたエスタニスラウ神父は、修道院長からその聞き覚えのなかったハポンが極東の島国日本のことだと教わり、着の身着のままの姿で日本に渡り長崎県の五島列島の箱崎にたどり着く。粗末な服の外国人放浪者がやってきたと解した島の人達は決して歓迎しなかったのだが、そのうちに東京から立派な身なりの司祭達がその放浪者を訪ね、全員が足下にひれ伏すのを見て、それがローマ教皇庁にまで一目置かれていた隠遁者様だと気づいた。非礼を詫びた島民達はすぐに立派な木造の教会を建て、そこにエスタニスラウ神父を招いた。だが、この建物は影形もなく、なくなるだろうという言葉を残して五島を離れ、広島県の三原の北の山奥に隠遁の場所を移してしまう。しばらくの後、台風の直撃を受けた五島列島の島民は、神父様のために建てた教会が跡形もなく吹き飛んでしまったことを知る。予言どおりに！

島でただ一人、最初から神父様に優しく接していた牛乳屋の主人が末期の肝臓ガンで余命数ヶ月を宣告されたとき、島の代表が広島まで隠遁者様を訪ねた。予言どおりに建てたばかりの教会が消え去ったという事実を前にして、エスタニスラウ神父の霊力を信じきった島民達は再び島に帰ってきて牛乳屋の主人を末期ガンから救ってもらおうとしたのだ。そして、「私にできることはここから祈ることだけです」と同行を断られてしまった失意の島民代表を島で迎えたのは、まさに神父の祈りによって肝臓からガン病巣が消えてしまった牛乳屋の主人だった。

そんな奇跡の物語をキリスト教カトリック大阪司教区の沼波義彦伝道士から聞くことができた僕は、是非にもその隠遁者様に会ってみたいと思い、沼波伝道士にお願いして紹介の手紙を書いていただいた。ところが、科学者とは話が合わないのでお会いできないという返事だったとのことで、この僕には隠遁者様のご住所どころかお名前すら知らせてはもらえなかった。まあ、そんなものかと僕もあきらめていたはずだったのだが、その半年後の正月の朝に何故かその日に隠遁者様に会わなければと思った僕は、車で広島県の三原の山奥に向かい雲間から射し込んできた一条の光に導かれるという奇跡を授かった結果、本当にエスタニスラウ神父様にお目にかかることができたのだ。

このあたりのことや、その後再び文字どおり晴天の霹靂によって導かれるという奇跡を授かった僕が、隠遁者様からキリストの活人術を受け継いでしまったことなどは、拙著『合気開眼――ある隠遁者の教え――』（海鳴社）に詳しいので、是非ともそちらを読んでいただければと思う。そして、この僕に進行した大腸ガンが見つかった時点で、ご高齢のためモンセラート修道院に戻られていた隠遁者様にお電話して祈っていただこうと考えたのだが、まさにそのタイミングで隠遁者様が天に召されてしまったことを知らせるメールを受け取ってしまった。そこから始まる奇跡の連鎖については、ペンネーム佐川邦夫で世に出した『魂のかけら――ある物理学者の神秘体験――』（春風社）で公表してあるので併せて読んでいただければと願う。

そう、僕がそのとき霊能力者の女性に向かって口走った「三原の隠遁者様」こと、エスタニスラウ神父とはこのようなお方で、既に十五年前に天国にお戻りになっていたのだ。それが、目の前の女性の姿でこの僕に向かって「まだわからぬか！」と一喝し、「ならばお前と私しか知らないことを話してやろう」と追い打ちをかけてこられたのだから、僕が目を白黒させていたことは容易に想像してもらえることだろう。その女性が霊的な特異体質として、あの世の霊を自分の身体にしばらくの間だけ宿らせて会話させることができる、いわゆる霊媒能力を持っているということは聞き及んではいた。だから、少し落ち着いたところでそんなことを思い出せた僕は、低音の男言葉で話し始めた女性が確かにあの隠遁者様の霊をあの世から呼び寄せたにちがいないと確信することができたのだ。

その霊媒体質の女性がわざわざ天上からの指令で僕に会わなくてはならないと伝えてきたとき、彼女自身は僕に会って何をどうすればよいのかについてはまったく知らされていなかったという。それに彼女自身が隠遁者様のことを知る由もないし、おまけに彼女の身体にあの世から霊が乗り移ってきたとき、彼女自身の意識は完全に飛んでいて記憶にも残らないのだそうだ。だから、そのとき僕の目の前に座って僕に向かって話しかけてきていたのは、十五年前にスペインのモンセラート修道院でお亡くなりになっていたエスタニスラウ神父様その人だったのだ。

その場には何らの疑いも挟む余地がないと直感できた僕は、思わず神父様に向かって問いかけていた。神父様、今日はいったいどのようなことでお出で下さったのですか、と。「頼みがある」という言葉で始まった隠遁者様の話は、僕を困惑させるどころか大いに納得させるものだった。少し長くはなるが、僕が記憶している限りの内容を、ここに書き留めておこう。

隠遁者様がモンセラートの険しい岩山での荒行の後に瞑想をしていたとき、イエス・キリストが現れて「ハポンに行け」と命じられたことは誰にも隠してはこなかった。だが、結局死ぬまで秘密にしてきたことがあり、それは日本に行って何をしろとキリストに頼まれていたことがあったということだ。それはキリスト自身が若いときに日本にやってきて、日本にある「地球の臍」にあたる場所に「光の十字架」を立てようとしたのだが、結局その場所を見つけることができなかったので、代わりにそれを達成してほしいということだった。こうしてエスタニスラウ神父はイエス・キリストがなし得なかった使命を果たすべく、極東の島国ハポンにやってきてまずはその「地球の臍」を探し始めたのだ。そのときに頼ったのは、その昔に日本に初めてキリスト教を布教したスペイン人神父フランシスコ・

ザビエルが所属していたイエズス会という修道士会だった。何故なら、イエズス会には戦国時代からの日本における風土や文化さらには政治についての詳細な調査資料が残されていたため、キリストが探そうとしていた「地球の臍」についての手掛かりをもらえると考えたからだった。

こうして長崎に本拠を構えていたイエズス会の修道士達から聞いたのが、五島列島の小さな無人島に巨大な自然石でできた鳥居があり、そこでは方位磁石の磁針がクルクルと回り続けてしまうということ。キリストの言う「地球の臍」がこの日本にあるとすると、その無人島である可能性が非常に高いと太鼓判を押されたそうだ。その結果、エスタニスラウ神父はその無人島に粗末な小屋を建て、隠遁者としての修行を再開したという。その石造りの鳥居の下に「光の十字架」を立てるために！

だが、そこは正しい「地球の臍」ではなかったと悟った隠遁者様は、今度は日本人信者の紹介で広島県の三原の北に位置する山奥の寒村へと移っていく。毛利家など中国山地に領地を広げていた戦国大名達の中に残されていた伝説などを頼ってのことだった。そうして、中国山地に埋もれているはずの「地球の臍」を二十年以上にもわたって探してはみたものの、すべての努力は徒労に終わってしまう。齢七十を超えて肝臓に病を持った老体に異国の風土は厳しく、ついに意を決した隠遁者様は故郷のモンセラート修道院に戻ってしまう。その直後に天国へと召されたエスタニスラウ神父は、あの世でイエス・キリストに出会ったとき伏して詫びたそうだ。キリストに与えられた使命をまっとうすることができなかったということを。

それを聞いていたキリストは、話を途中でさえぎった上で、ある意味トンでもないことを口走ったのだ。お前には、日本に残してきた弟子が一人いるではないか。今度はお前がその弟子に命じて、お前が成し遂げられなかった使命を果たさせればよいというのだから！

ここまで聞いた僕は、もちろん最大限の驚愕と困惑の眼差しをエスタニスラウ神父様の霊を宿している目の前の女性の目に注いだのだが、神父様は「だからこの女性の身体を借りて今日は久しぶりにこの世に出てきたのだよ、私の唯一の日本の弟子にすべてを託すために」とサラリと言いのけてしまう。僕はといえば、それを受けて懇願するかのような精一杯の口調で隠遁者様に訴えたのだ。「イエス・キリスト様や隠遁者様という抜きんでたお二人でさえおできになれなかったことを、この情けない普通の人間の私めができるわけもございません。どうぞ、お考え直し下さい」

このとき、隠遁者様の表情がほんの少しだけ緩んだかと思うと、またまた驚愕の事実を伝えて下さった。

「そんなことは、わかっておる。私もあの世でそれをキリスト様に申し上げたのだが、どうしてもお前の弟子にやらせろとのことだった。もちろん、二度の失敗の轍を踏むことのないようにと、今回だけは『地球の臍』が日本のどこにあるのかということだけは教えておいてよいとのことだ。あの世から見れば一目瞭然なのだが、『地球の臍』にあたる場所はキリスト様が目指した剣山《つるぎさん》でもなければ、私が彷徨した五島列島や中国山地でもなく、東京の中心部にあるのだよ」

え、東京!!　驚きを隠せなかった僕は、隠遁者様にさらに縋っていく。「東京の中心部といっても広くてとても探し出すことはできません。もっと詳しく教えていただけないでしょうか!?」それに対する隠遁者様の返答には本当に唸ってしまった。何故なら、その答えというのが「お前がもう知っている場所だよ。既にお前が導かれていた場所であり、江戸城の中の重要な表門と江戸城の裏鬼門に立てられている東京タワーを結ぶレイライン上に「地球の臍」にあたる場所がある」というのだったのだから。

えっ！　隠遁者様のその言葉を受けた僕は、まさに以心伝心といった形ですべてを理解してしまった。そう、イエス・キリストや隠遁者様がこの日本で捜し出そうとされていた「地球の臍」こそは、麻布の茶坊主さんの予言どおりにこの僕が導かれてきていた港区白金の「龍穴」だったのだ！　まさに事実は小説よりも奇なり。

こうしてあの世から僕にコンタクトしてこられた隠遁者様が教えて下さったことで、「光の十字架」を立てる場所については絶対にまちがえることはなくなった。だが、その場所に立てるという「光の十字架」など、僕は持ち合わせてはいない。いったいどうすればその十字架が手に入るのかと問いかけたとき、僕の目の前に座っている女性の身体から離れてあの世に戻っていかれる間際に隠遁者様の最後のお言葉が木霊した。「光の十字架」の詳細については、後日安倍晴明から伝えるであろう、と！

いったい何故に安倍晴明が!?

このときの僕は、隠遁者様の霊魂がこの世に現れてきたという事実を前にして大きくうろたえてしまっていたため、最後の最後で隠遁者様の口から出てきた安倍晴明という名前と、その数ヶ月前から僕自身に関わってきていた「安倍晴明」とが完全に乖離してしまっていた。しかも、隠遁者様の霊が去ってしまった直後、正常な意識を取り戻した女性が目を丸くして「あ、またしばらくの間の記憶がない……ということは、ひょっとして今までどなたかの霊が降りてきていたのですか？　え、どなたでした⁉　どんなことをおっしゃっていたのですか？」と矢継ぎ早に話しかけてこられたため、隠遁者様のことをまったくご存じなかったその女性のためにご生前のときのエスタニスラウ神父様の逸話を交えて先程の僕への依頼について説明していくうち、最後の安倍晴明の部分については僕の記憶からも影が薄くなっていったのだった。

九　安倍晴明からの指示

そんな頼りない僕の様子をあの世の側からご覧になっていて、これはすぐにでも安倍晴明を送り込まなくてはとイエス・キリストも隠遁者様も思われたのか、その翌日にはもう安倍晴明が現れ「光の十字架」についてどうすればよいのかを具体的に語ってくれることになった。そう、安倍晴明の命を貰って死から蘇ってきたあの少年が、翌日の午後にあった僕の道場稽古に突然参加してきてくれたのだ。昼前に部屋を出て道場に向かうとき、いつもなら地下鉄の駅にまっすぐに向かうのだが、そのときは郵便ポストに封筒を投函する必要があったため、三角形の二辺を通る形で駅に歩いていった。すると、いつもなら通らない郵便ポストの前に、僕の部屋を紹介してくれた女性がきょろきょろしながら立っていて、僕の姿を見たら「あの高校一年生の少年がマンションの入り口にいませんでしたか?」と尋ねてくる。聞けば、その日曜日と翌日の体育の日の連休を使って、再び東京に出てくることになったそうだ。

八月の末に初めて会って以来だった僕は「入り口のあたりにはいなかったよ」と答え、挨拶代わりのリップサービスの雰囲気でさらに「あの少年が来るなら、本人が望めば道場に連れてきてくれてもよいですよ」と口走ってから、道場に遅れないように小走りで駅に向かった。こうして午後一時から五時半までの間に休憩を挟んで二回の稽古を始めたのだが、最初の二時間の稽古が終わる頃にはその少年が来るかもしれないということも完全に失念していた。二回目の稽古が始まり一時間ちょっとが経った頃、道場の扉が開いて稽古着に袴を付けた少年が現れ、皆の視線を一斉に引き寄せてしまう。その姿を見た僕はといえば、単に高校一年生の男子が稽古にやってきたという軽い認識しか持てなかったために、残された時間では初心者でもできるような簡単な動きに終始する稽古を続けていった。

まあせっかく稽古にも参加してくれたのだからというわけで、稽古後にいつも十人程度で飲みに行くフレンチのカフェに少年も誘うことにしたのだが、むろん彼はアルコールは飲まず水を飲んでいた。そのときまで、どういうわけか僕の頭の中にはその少年が安倍晴明であるという考えはまったく出てはこず、単に連休で上京してきた地方の高校一年生の男子という程度にしか思えてはいなかったのだ。だから、テーブルトークの話題をその高校生のために何か特別に考慮しておこうなどともまったく思うことはなかった。それよりも、僕としては前日にあった奇跡、そう、隠遁者様の霊が霊媒体質の女性の身体に降りてきて、この僕に重大な任務を与えて下さったことを集まった門人達に熱く語りたいと考え続けていた。ということで、まずはビールで乾杯した直後、僕はちょうど二十時間ほど前に初めて体験したあの世からこの世に一時的に戻ってきたエスタニスラウ神父との会話の一部始終を興奮気味に皆に語っていった。普通ならとうてい信じられない内容だが、そこは実際に不可思議千万な神秘体験をこれでもかと授かってきた僕の真実を知っている仲間達のこと、誰一人として疑う者もなく全員が真剣に聞き入ってくれた。

最後に隠遁者様の霊が戻っていく直前、「光の十字架」についての詳細は後日安倍晴明から伝えられるだろうと教えて下さったのだと話し終えたとき、テーブルを囲んでいた人達は二人の例外を除いて一斉に溜め息をついていた。それほどまでに皆が息を飲みながら隠遁者様が僕に命じて下さった任務の重要性を理解してくれたのだが、その例外というのは話し続けていたこの僕が溜め息をつかなかったというのは理解できるが、もう一人については完全に想定外というか、逆に「そうだ、この少年が安倍晴明だったのだ！」と思い出させてくれる結果となった。何故なら、他の人達の溜め息がまだ消えやまぬほんの一秒足らずのうちに、あの何ともいえぬ眼差しになった少年の口から「光の十字架」についての見事な解説が飛び出してきたのだから。

明らかに大人びた声色で言い聞かせるように教えてくれたのは、とても高校一年の少年が考え出せるようなことではない、次のような驚くべきものだった。

イエス・キリストとエスタニスラウ神父様があの世から僕に伝えたかった「光の十字架」とは、熱田神宮に奉られている「草薙之剣」のことであり、八岐大蛇《やまたのおろち》から取り出されたままの汚れた剣ではだめで、それに伊勢神宮内宮に奉られている「鏡」から天照大御神様の光を照らすことで清めることにより、自ら光輝く剣が十字架の形となることを意味する。従って、まずは伊勢神宮の内宮に行き、そこに奉られている「鏡」を頂戴しなくてはならない。その「鏡」を持って次には熱田神宮に行き、本殿の後ろの宝物伝に密かに奉られている「草薙之剣」に天照大御神様の光を「鏡」から照射して汚れを祓い清めることができたとき、その「草薙之剣」から光が放たれるようになって「光の十字架」となる。それをキリストと隠遁者様があの世から教えて下さった「地球の臍」にあたる東京の白金にある「龍穴」に立てるためには、それにふさわしい等身大の十字架を持ち込んで「草薙之剣」から放たれた光を受けさせ、それを東京まで運べばよい。

そこまでのほぼ達成不可能なことを何の躊躇もなく堂々と言ってのけた安倍晴明の厳しい表情が不意に少年の優しい顔つきに戻った瞬間、高校一年生に戻った少年の声がテーブルの上に木霊し、僕を含めた他の全員が再び大きな溜め息をついてしまう。「安倍晴明様は近いうちに必ず光る十字架を手に入れて使命をまっとうすることができると太鼓判を押して下さった」と、その少年が言うのだから！

そのとき、僕は唸ってしまった。少年をとおして安倍晴明が教えてくれたことのうち、どの一つをとってみてもとうてい実現不可能なものばかりだったのだから。そしてそのすべてをやり終えて「光の十字架」を手に入れないかぎり、わざわざあの世からこの世に出てきた隠遁者様が僕に託された大事な使命をまっとうすることはできないのだ。たとえその「光の十字架」を立てるべき場所がどこなのかを詳細に教えていただいていても……。

だが、そのとき一条の光が射し込んできたという思いになれたのは、ちょうどその二週間後の火曜日に入れていたスケジュールのことが不意に思い出されたからだ。実は僕自身にとっては前後の予定からしてかなりの強行軍となるため、できれば参加はしたくなかったのだが、僕が三年ほど前から親しくしていただいている高貴なお方が総勢百五十名を率いて伊勢神宮の公式参拝にお出向きになることが決まっていた。初日に内宮の御垣内参拝、二日目に外宮で式包丁の奉納を京都金閣寺と銀閣寺の管長猊下を伴われてなされるのだ。そのような立派な儀式に参加させていただくということ自体、僕にとっては極度の緊張を強いる以外の何ものでもないため、できればお声かけいただかないように身を潜めていたのだが、前年の参議院選挙比例区出馬のときと同様に強く請われてしまった。この方に命じられたなら、その返事は「はい」か「イエス」しかないとまで尊敬申し上げている僕には、お断りするという選択肢はなかったのだ。

京都から大型バスを三台仕立てての旅行ということで、三ヶ月前から決まっていたその日が近づくにしたがって、内心風邪でもこじらせて体調不良でドタキャンできればなどと不遜な考えがちらつき始めていた。そして、伊勢神宮公式参拝まで残すところ二週間となった時点で、突然あの世からエスタニスラウ神父の霊が僕に語った内容を受け、その翌日に現れた安倍晴明からは伊勢神宮の内宮に奉られている「鏡」を手に入れるように指示されてしまう。そう、そのときには僕自身の意志とは無関係のところで、伊勢神宮内宮の御垣内で公式参拝をすることが既に決まってしまっていたのだ。これもまた、意味のある偶然の一致としか考えられない、つまりやはり神謀りの奇跡を予感させる予定調和ではないだろうか。

一般人の僕が一人で伊勢神宮に行ってお願いした場合、どう逆立ちしてみせたところで内宮の御神体である「鏡」を貸してもらえるわけもないし、そのレプリカでさえ頂戴することもかなわない。だが、そこは高貴な方々であれば、それも可能になるはず！　そう、内宮の御垣内公式参拝のときに一行を率いる高貴な方から宮司様にお願いしていただき、せめて「鏡」のレプリカをお借りしてもらおう。そして、その「鏡」を持って名古屋の熱田神宮に行き、宝物殿に奉られている「草薙之剣」に天照大御神様の光、つまり太陽の光を「鏡」に反射させたものを当てればよい。それでイエス・キリストと隠遁者様の「光の十字架」が手に入ると、安倍晴明が保証してくれたのだから……。

十　伊勢神宮内宮御垣内での奇跡

こうして京都から伊勢神宮に向かう大型バスの車中、まさに神の御計らいか公式参拝の一行を率いる高貴なお方に呼ばれた僕は、道中お隣の座席に座らせていただくことになった。そのため、霊媒体質の女性の身体にあの世から出てこられた隠遁者様が僕に伝えて下さった一部始終に加え、その翌日に今度は高校一年生の少年の身体をとおして安倍晴明が教えてくれた「光の十字架」の話までをもそのお方にお聞かせすることができた。その上で、伊勢神宮内宮の宮司様に依頼して御神体である「鏡」のレプリカをお借りできるようにしていただけないだろうかと、お願いしてみたのだ。

しばらくの間お考えになった後、そのお方は僕の顔を直視しながら、ゆっくりとお答えになった。

「その鏡というのは、実際の現実的な存在としての鏡ではなく、きっと霊的な意味での鏡であるにちがいありません。だとしたら、我々が内宮の御垣内に入ってみれば何かわかるのではないでしょうか。到着まで三時間ほどですが、ここは大いに期待して楽しみにしていては如何でしょうか？」

なるほど、この世の実体としての「鏡」ではなく、あの世の霊体としての「鏡」であるならひょっとすると内宮の御垣内でいただけるのかもしれない。そう思ったとたん、それまでイエス・キリストとエスタニスラウ神父様でも達成できなかったことをこの僕がはたして成就できるのかという不安でさいなまれていた心が一度に晴れてしまい、久しぶりに清々しい気持ちになれた。ここは、運を天に任せるしかない！

伊勢神宮の内宮には駐車場から三十分ほど歩いていかなくてはならなかったが、その間に時々小雨が降る曇天になってしまった。しかも総勢百五十名という大所帯を率いての移動のため、御垣内の入り口前に整列しての待機時間も長くなってしまう。僕自身は後ろのほうに並んでいたのだが、最前列にいた世話役の方がやってこられ、急いで最前列に並んでくれとのこと。聞けば、御垣内参拝のときに天皇陛下と総理大臣が立つ白石の上に高貴な方と並んで立つ予定だった代議士の方が直前にあった衆議院選挙の総括のために東京の党本部に呼び戻されてしまったために、代わりに僕が白石の上に立つようにとの御指示があったとのこと。

急な展開であり、しかもそのような誉れ高い役目を仰せつかるなど完全に想定外だったため大いにうろたえていた僕は、まるで夢遊病者のような足取りで世話役の人に連れられて最前列に移動した。笑顔で迎えて下さった高貴なお方と僕の二人で先導し、全員が二列縦隊で御垣内の入り口へと向かう。神宮の出迎えを受けて中に入り、御垣内の中央に白石が一条に引かれた上に二人だけが導かれた。残りの参加者達百五十名がそれに続いて順次中に入って黒石が敷き詰められた場所に整然と並んでいくのにはかなりの時間がかかってしまう。全員が並び終えるまで白石の上に立って待っていたとき、私語禁止の御垣内故になのか、右隣に立っていらした高貴なお方が不意に僕の右肩に軽く触れてこられた。見ると満面の笑みで右手の人差し指を真上に向けていらっしゃったため、僕も反射的に上を向いた。

すると、どうだ。時折小雨もぱらついていた一面の曇天だったにもかかわらず、御垣内の真上に小さな真円の晴れ間が真っ青に現れたかと思うと、あれよあれよという間にどんどんと大きくなっていき、公式参拝が始まる直前には御垣内の上空に真っ青な空を映し込んだ一つの大きな「鏡」が浮かび上がっていた。そして、参拝の間中その真円状の晴れ間から太陽の光が白石の上に射し込んできて、まるで「鏡」に反射された天照大御神の輝きに照らされているかのような印象を受けたのだ。その瞬間、隣に立っておいでだった高貴なお方が僕の耳元でそっと囁かれた。ほら、ちゃんと「鏡」と天照大御神様の光をいただけましたよ、と。

そう、まさに偶然ではすますことのできない、普通なら考えられないようなことが御垣内公式参拝のタイミングで起きてしまったのだ。こうして、高貴な方が僕に諭して下さっていたとおり、伊勢神宮の内宮で僕が手に入れたのは霊的な意味の「鏡」とそれから照らし出された天照大御神の光だった。となると、後に残るは「草薙の剣」にその霊的な「鏡」から放たれる霊的な「光」を当てることにより「光る十字架」に変えてしまい、それを東京にまで持ち帰って「地球の臍」の役割を果たしている白金にある「龍穴」に立てることだけだ。

だが、「草薙の剣」は名古屋の熱田神宮の御神体であり、たとえ霊的な存在としてそれを頂戴するにしても、伊勢神宮の「鏡」のときと同様にともかく本殿の前の御垣内の中に入らないことには何も始まりはしない。そして、伊勢神宮のときとはちがって、熱田神宮には何らのつながりを持ってはいなかった。ただ、不思議な偶然の成り行きで、意図しないまま御垣内参拝をさせていただいたことがあった。それは前年の七月に行われた参議院選挙で共に比例代表区に出馬した東大医学部の矢作直樹名誉教授と僕が、たまたま選挙公示前の同じ日に名古屋市内で講演会がそれぞれあり、翌日の午前中に示し合わせて熱田神宮に当選祈願の参拝に訪れたときのことだ。

矢作先生や同行の人達を祈祷申し込みの窓口の前で待たせて、僕は一人で列に並んでいた。護符を貰う窓口の横にあったその窓口には「御神楽奉納」と記されていて、かなりの人数が二列に並んで順次申し込んでいた。やっと前の組が待機室に案内され、今度は僕の番だ。受付をしていた中年の神官に向かって、「正式参拝をお願いします」とだけ申し出たのだが、一瞬目を丸くして表情をこわばらせたと思ったら、「少しお待ち下さい」とだけ伝えるや受付のカウンターから後ろに下がって何やら内線電話をかけ始めた。その間にも、僕の後ろに並んでいた組の人達は隣の窓口で次々に申し込みを終え、皆さん一様に待機室に案内されていく。いったい何故にこの僕だけが差別扱いを受けなければならないのか、かなり憤慨し始めていた頃になってやっと電話を終えた神官が受け付けカウンターにやってきたとき、いやに丁寧な態度で「お待たせして申し訳ありません。急なことでしたので準備ができておらず手はずを整えるために手間を取ってしまいました。お許し下さい。もう少ししましたら神官と巫女がお呼びに参りますので、それまで本殿の前でお待ちいただけますでしょうか」と言うのだ。

えっ、申し込んだ他の人達は窓口からすぐに待機室に通されていくというのに、僕の組だけは熱い炎天下に参拝の人達でごった返す本殿前で待てというのか！　僕の怒りは収まるどころか、ますます大きくなっていく雰囲気ではあったのだが、その神官の言葉や姿勢からは本当に申し訳ないという気持ちが容易に見て取れたし、表情に至ってはどういうわけかこちらに対する尊敬の念さえこもっているかのようだった。そんなわけで、ともかくここはその受付の神官の言葉に従うことにし、矢作先生達を伴って本殿前に移動して待つことにした。

しばらくすると、遠くから神官が一人と巫女が二人、本当に走って近づいてくるのが目に入る。ご存じだと思うが、神社においては神官や巫女は決して走ることはない。平安時代から続くあの特殊な木靴で走ることは物理的に容易なことではないし、そもそも神様を奉る本殿に近づくときに走るなどということはあってはならないのだ。だから、後にも先にも、神官と巫女が装束のままで神社の境内を走っている姿を見たのは、このときが唯一となっている。それほどに異例の扱いを受けてしまったのだが、僕としてはともかく急いで正式参拝をさせてくれるように熱田神宮の中で格別の努力をして下さったのだということが明確になったことが嬉しかった。

息が落ち着いたところで僕等を本殿前の参拝所の近くから、少し離れていて参拝客も寄ってこないあたりに誘導した神官は、これから御垣内に入るにあたり禊ぎ祓いをさせていただくと伝えるや、低頭する我々の前で神道の作法どおりに榊で御浄めの水をかけて下さる。あれ、単に正式参拝をお願いしただけなのに、どうしてここまでする必要があるのだろうか？　湧いてきた疑問は、直後の神官の言葉で完全に打ち砕かれてしまう。「それでは皆様、その脇の入り口を開けますので御垣内にお入り下さい」

え、御垣内!?　僕は御垣内参拝を申し出たわけでは、決してない。他の皆さんと同じように「御神楽奉納」の窓口に並んで神官に願い出ただけだったにもかかわらず、僕の顔を見た窓口の神官があわてて奥に電話連絡をした。その結果、今こうして矢作直樹先生と熱田神宮の御垣内に通されようとしている！

まったく理解はできていなかったのだが、ともかくこうして御垣内参拝ができることになったのはめでたいことだ。ひょっとすると、熱田神宮の神様は我々二人の参院戦出馬を喜んで下さっているのでは！　そんな手前味噌な考えもちらほらする中、我々は神官と巫女に挟まれて御垣内の中央に設えられた特別の参拝所に案内され、神官に従って無事に参拝することができた。そこから御垣内の中を逆に歩いていくとき、本殿の外にある参拝場所に立ち並ぶ参拝客の皆さんの視線が突き刺さるように感じたのは、その表情からしていったいこいつらは何故本殿の前の御垣内に入れるのかと大いに訝しがっておいでだとわかったからにちがいない。

同行してくれた名古屋の女性秘書も言っていたし、愛知県の霊能力者の女性からの伝言をいつも僕に伝えてくれるベンチャー企業の若い社長さんも後日驚きとともに教えてくれたのだが、熱田神宮で御垣内参拝をするなどということは聞いたことがないそうだ。正式参拝といえば御神楽奉納になり、御垣内に入るのは神前結婚式を執り行うときくらいに限られてしまうという。実際のところ、僕が熱田神宮で御垣内参拝をさせていただいたという話を聞いた岐阜の年配の女性二人が、それなら私達もということで熱田神宮に行って申し出たところ「私どもでは御垣内参拝はしておらず正式参拝は御神楽の御奉納でお願いしております」と言われてしまったそうだ。それでも「知り合いが先日御垣内参拝をしたと聞きました」と食い下がったところ、「それは他の神社の神官の方々か高貴な方々ではなかったのでしょうか」とのことで、結局御垣内参拝はさせていただけなかったという。

こうして、熱田神宮とは一年ほど前にこのような不可思議千万な御縁を頂戴できてはいたのだが、その後は初詣にすら出向いてはいなかった。あのときの受付窓口の神官や御垣内参拝を執り行って下さった神官のお名前すら聞いてはいなかったため、そのお二人を訪ねていくということもできない相談だ。せっかく高貴なお方のお力添えを得て伊勢神宮の「鏡」と「天照大御神」の光は手に入れることができたというのに、これでは水の泡になってしまう……。

悶々とした日々を送っていたとき、たまたま月刊誌の記事になる対談の収録が出版社であったのだが、無事に収録が終わって雑談をしていたときにふと熱田神宮に奉られている「草薙之剣」を見せてもらう方法はないだろうかと口走ったことがあった。すると、それを聞いていた出版社の副社長さんがいとも簡単に言い放ったのだ。それなら、熱田神宮の宮司様にお取り次ぎしましょうか、と。聞けば宮司様とは親しくされておいでとのことで、すぐにその場で連絡して下さり、ちょうど僕が岡山から車で冬物の衣服や暖房器具などを東京に運ぼうと考えていた十一月五日と六日の日程に合わせ、六日の十三時に宮司様をお訪ねできることになった。これなら、五日の日に岡山から名古屋まで移動し、その日は名古屋で泊まって翌五日に熱田神宮で「草薙之剣」を拝見してから東京に向かえば夕方には白金の部屋に到着できる。

しかもうまくいけば「草薙之剣」のレプリカ、あるいは最悪でも伊勢神宮内宮の御垣内でのように何らか霊的な形で「草薙之剣」を頂戴できるにちがいない！　僕の期待はいやが上にも大きく膨らんでいった。

十一月三日には岡山で東京に持っていく冬物や暖房器具を選んでいたのだが、手伝ってくれていたサムハラ神社奥の院に案内してくれた女子大の卒業生に今回の隠遁者様からの神秘体験によるご命令の内容や安倍晴明の話をしていたとき、彼女がふとこんなことを言いのけてしまう。どうせ車でいらっしゃるのであれば、ガレージの横にある納屋の前に飾ってある隠遁者様の十字架を運んで、熱田神宮の御垣内の中に入れてしまえばよいのでは、と。それまでまったく考慮していなかったのだが、そういえば僕の岡山の家には五島列島で隠遁者様のために住民達が建てたが台風で吹き飛んでしまった教会の跡地に残されていた、大きな十字架がひっそりと奉られていた。隠遁者様があの世からこの僕に「光の十字架」の使命を託されたとき、真っ先にこの隠遁者様の十字架のことを思い出すべきだったのだ、本来ならば！

よし、五島列島から岡山にまで持ち込んできていたこの隠遁者様の十字架ならば、熱田神宮に奉られている「草薙之剣」を霊的に移し込んでしまうことも可能になるはず！　卒業生のおかげでそう閃くことができた僕は、車の中に大人が立って手を広げた大きさの古い十字架を何とか工夫して車の後部に押し込み、翌々日の十一月五日には一路名古屋へと出発した。言い出しっぺの卒業生といえば、どうしても気になるからと、道中ずっと運転手として乗り込んでくれたため、二時間おきに交代で運転しながらのきわめて快適なドライブになったのだ。

十一　熱田神宮での奇跡

十一月六日の昼過ぎ、前夜チェックインした名古屋のホテルを出て、車で熱田神宮に向かう。今朝目覚めたときに手土産を忘れていたことを思い出したのだが、幸いにもネット検索によって岡山に本社がある和菓子屋の支店が名古屋市内にもあることがわかり、途中そこによって岡山土産を用意できた。いよいよ熱田神宮に向かうということで、和菓子屋の支店を出るときにカーナビで熱田神宮の駐車場を目的地にセットする。その駐車場では、愛知県の女性霊能力者の二人と僕をつないで下さっているベンチャー企業の社長さんと、伯家神道の若い巫女が我々の到着を待ってくれているはず。その二人に個別に今回の「光の十字架」の話を伝えたところ、二人ともがとても興味を持ってくれて、特に二人ともが名古屋に住んでいるのだから是非とも熱田神宮のときには立ち会わせてほしいとの希望が寄せられていたのだ。

幸いにも岡山の和菓子屋さんの名古屋支店は熱田神宮に近い場所にあったため、車を動かし出してすぐに進行方向の向こうに明らかな神宮の森が見え隠れしていた。これならカーナビも必要なかったと思った瞬間、どういうわけかカーナビの画面がクルクルと動き始め、表示される範囲のスケールがどんどんと大きくなっていき、ついには本州中部の全体像までもが映し出されてしまった。これではどうしようもないため、カーナビの電源を落とし、前方に見える神宮の森を目指して走っていく。すると、五分程度で目的地の熱田神宮駐車場に到着することができたのだが、最新の地図データーを入れた電子機器であるカーナビがいったいどうしてあのように暴走してしまったのかは不明のままとなった。これまで数年ほど使ってきたカーナビだが、以前にはこのようなことは一度もなかった。それが、今回熱田神宮に近づいていくときに初めて電子回路が暴走してしまい、まったく役立たずのスケールで現在地を表示してしまったのだ。

前年の正月元旦に稲城市にある小さな神社に初詣に行ったとき、本殿の上に設えられていたLED電球がどういうわけか僕の柏手にだけ呼応して点滅したことがあり、旧知の神主さんには「ついにそこまでの霊力になられましたか！」と驚かれてしまったことはあった。また、僕が夜遅くに知り合いの元航空自衛官のご自宅に電話をかけたとき、僕の電話がつながっていた間だけ、風呂場のLED電球が消えて真っ暗になったそうだが、僕が電話を切った瞬間にLED電球が灯ったという。後日その元航空自衛官が教えてくれたのだが、現代の誘導爆弾やミサイルの制御回路はLED電球と同じ5ボルトを動作電圧とする電子回路になっているため、神社やお風呂のLED電球を自在に切ったり点けたりできる僕であれば、敵軍のミサイルや戦闘爆撃機の火器管制装置を麻痺させて兵器として機能しなくなるようにしてしまうことができるとのこと。

そんなことを思い出してはみたが、駐車場で到着を待ってくれていた社長さんと巫女さんが笑顔で出迎えてくれていたため、暴走したカーナビのことはすぐに忘れてしまった。さあ、伊勢神宮の内宮に引き続いてこの熱田神宮ではどんな神秘現象が待ち受けているのだろうかと、目を丸くして期待してくれていたのだから、二人ともが！

そこに、さらにもう一人が到着する。ＬＥＤ電球の電子回路とミサイルの制御回路が同じ動作電圧の半導体集積回路で作られていると教えてくれた元航空自衛官だ。出版社の副社長さんからの紹介では僕一人が宮司さんを訪ねていくことになっていたのだが、サムハラ神社の奥の院に案内していってくれた女子大の卒業生に加え、伯家神道の若い巫女と愛知県のベンチャー企業の社長さん、それに元航空自衛官の総勢四人が僕に同行してくれることになってしまった。案の定、僕が四人を引き連れて社務所の受付に出向いたとき、応対してくれた庶務の女性職員の方は「お一人とうかがっておりましたが、五名様ですね」と確認しながら廊下の反対側にあった応接室に案内して下さる。

応接セットには僕だけが座り、残りの四名はオブザーバーとして同行しているだけだということを印象づけようとしてか、全員が壁際の折りたたみ椅子に座っていささか緊張気味に壁に掛けられた時計を見ていた。不意にドアが開いたと思うと、恰幅のよい神官姿の男性が入ってこられた。その方は宮司様ではなく、宮司の補佐役の神官のお一人で、今日は宮司の予定が立て込んでいて次の場所に出かける準備に手間取ってしまいゆっくりとお目にかかることが難しいため、お話は自分が聞いて宮司に伝えるとのことだった。

まあ、お忙しいお立場にある宮司様であればやむを得ないことかと納得した僕は、よせばいいのに今回の一連の不思議議現象の系譜を語っていき、最後の最後でここ熱田神宮に奉られているという「草薙之剣」を見せていただきたいと言い放ってしまう。これが宮司様相手であったなら、ひょっとして奇跡が起きたかもしれないが、補佐役の神官の一人ということは神道の底力や神通力などというものとはまだまだ無縁の人生しか送ってはきていなかったにちがいない。僕の話を荒唐無稽の思い込みの結果生まれた妄想としか思えないという、ごく普通の人達が見せる困惑した反応に終始されてしまい、これまでこのような絶体絶命の窮地から何度も奇跡的に救われ続けてきたこの僕ですら、正直なところ「草薙之剣」だけはうまくいかないのかと内心あきらめかけていたのは事実。後で聞いたのだが、同席してくれた四人も今回だけはさすがの僕でもどうにもならないだろうと思っていたそうだ。

もうこれ以上いくら食い下がっても無駄だと悟った僕が、そろそろ挨拶をして引き下がろうと考えていたとき、そんな重い空気に支配されていた応接室のドアが不意に外から開かれて若い神官が顔を覗けた。そして、宮司に代わって僕等の相手をしていた年長の神官に向かって小さな声で何かを早口で伝えていた。聞き取れなかった年長の神官に促されて再度口を開いた若い神官は、今度は僕にも聞こえる大きさで「準備が整いました」と発声したのだ。それを聞いた年長の神官はまるで豆鉄砲を喰らった鳩のように目を丸くして驚き、ドアの陰から顔を出していた若い神官に向かって「えっ、何の準備?」と聞き返していた。その顔は、本当に何の準備ができたのかまるっきり見当もつかないというように、困惑しきった表情になっていた。

それを受けた若い神官が反射的に「御垣内の準備が整いました」と言い返してくれたとき、僕は瞬時にすべてを理解し熱田神宮の神様と宮司様に心から感謝していた。まだ解せぬ顔のままだった年長の神官は、まるでピエロのような口調にしか聞こえなかったのだが、若い神官に向かって「どなたのための？」とまで聞き返してしまう。困惑した表情の若い神官は、目配せしながら再び小さな声で年長の神官に伝えていた。「こちらの皆様の……」

ご自身で面会する予定だったにもかかわらずお出かけの準備で代役を立てたことに対するお詫びの意味が強かったと思うのだが、こうして僕等五人は急転直下御垣内公式参拝をさせていただけることとなった。社務所から本殿まではかなりの距離を歩くのだが、僕がその救世主のように映っていた若い神官に案内されていく後ろに付いてきてくれていた四人の同行者は、互いの笑顔を確認するかのようにそれぞれの安堵の表情を覗き合っていた。これで、伊勢神宮に続いて「草薙之剣」の奇跡が起きる予感を感じながら。

前年の六月に続いて熱田神宮の御垣内に案内された僕と四人の服装はといえば、公式参拝にふさわしいスーツ姿は元航空自衛官の一人のみ。僕はジーンズの上にラフなシャツにカジュアルなジャケットを羽織っただけだし、伯家神道の若い巫女様と女子大の卒業生はまさか御垣内に入るなどとは想定外だったようで、二人とも膝上のミニスカートにズック。おまけにベンチャー企業の社長さんは大手自動車会社での仕事の途中に抜け出してきたために、工場での作業着のままだった。そんなとんでもない服装の五人連れがどういうわけか誰もが入れるわけではない御垣内に神官と巫女に案内され、その中で本殿に向かって公式参拝を行っている。御垣内の外から見ていた一般の参拝客達には実に奇異に映ったかもしれないが、僕等五人は必死で頭を垂れていた。どうか「草薙之剣」を御示し下さい、と。既に我々五人がこの場に立たせていただけたということ自体が奇跡ですが、どうぞ神様、さらなる御力を賜り「草薙之剣」の御印を頂戴できますように、と。

残念ながら、御垣内ではこれといって何も起きはしなかった。だが、神官と巫女に深々と頭を下げて御垣内から外に出た瞬間、僕の頭に前年の記憶が蘇ってきたのだ。

十二　龍穴に光の十字架を立てる

熱田神宮の御垣内を出たときに思い出したのは、その前年の六月に偶然の成り行きかはたまた神の御導きかはわからないが、御垣内公式参拝をすることができたときの後のこと、熱田神宮の境内を歩いていていて不可思議な場所があることに気づいたことだった。その場所は、誰もが自由に散策することができる時間帯には警備員が遠くから常に監視しているのだが、そのような場所は他には一ヶ所もない。つまり、そこには熱田神宮で最も大切なものが納められていることになるのだ。一年前にはそんな表面的な事実に気づいただけで、矢作先生など他の皆さんと一緒に神宮を後にしたのだった。

そのことを思い出したとき、僕は既に直感していた。あの場所に「草薙之剣」が奉られているということを！

というわけで、今回も御垣内を出てすぐに境内を歩き、四人を伴ってその場所へと向かった。前年のときと同様に、やはり遠くから見張るために監視員が一人警備小屋に座っていた。その横を通り抜けてまっすぐな小道を歩いていけば、その左側に立ち入り禁止の場所がある。ところが、他の立ち入り禁止の場所にはその名称や由来を記した立て札が必ず設置されているにもかかわらず、その場所には何もないのだ。ところが、警備員が常時監視しているのは、小屋の向きからして明らかにこの何も記述がない不可思議な場所にちがいないはず。

他の参拝客も時折このあたりまで歩いてくるのだが、そんな流れが途切れたのを見計らい、四人のお供に後ろに整列してもらった僕は「草薙之剣」が奉られているはずのその不可思議な場所に向かって伯家神道の禊ぎ祓いの祝詞を唱えていった。その祝詞が続いている間、その場所から心地よい風が吹いてきていたことは、僕だけでなく他の四人も一様に感じていたようだ。それだけでは、ない。伯家神道の若い巫女は、先代の巫女様から授かった霊能力が開花し始めていたのだが、このときも常人ではとても目にすることができない光景を見てしまったという。祝詞奏上が終わってから教えてくれたのだが、体感的には清々しい空気が流れてきた頃から、その薄暗い場所の奥の地面に刺さっていた「草薙之剣」がまばゆいばかりに輝き始め、何十本もの光の矢を放ち始めたそうだ。そして、そのうちの三本の光の矢は、祝詞を唱えるのをやめてもなお僕の胸に刺さったままになっているというのだ！

伊勢神宮内宮の御垣内公式参拝のときに「鏡」と「天照大御神の光」を霊的な意味で無事に授かることができた僕が、こうして熱田神宮の御垣内公式参拝の直後に本殿裏に秘匿され続けてきた収納庫に向かって禊ぎ祓いの祝詞を上げることで、その場に刺さっていた「草薙之剣」に「鏡」を向けて「天照大御神の光」を照射することができたのかもしれない。そうでなければ、切っ先を地面に刺す形で立っていた「草薙之剣」が安倍晴明が教えてくれたように汚れを祓うことで自ら輝いて「光の十字架」に変貌するわけはないのだから。

こうして、何とか「草薙之剣」を「光の十字架」に変えることはできた。だが、それを熱田神宮に置いてきたのでは、使命を果たしたことにはならない。「地球の臍」にあたる白金にある「龍穴」にまで運び、そこに立てなければエスタニスラウ神父様、ひいてはイエス・キリストの命を達成したことにはならないのだから。巫女によれば「光の十字架」となった「草薙之剣」から放たれた光の矢が三本僕の胸に刺さったままになっているそうだが、その状態のままで東京に移動するというのでは「光の十字架」そのものを持っていくことにはならない。ここは、何らかの方法で「光の十字架」となった「草薙之剣」の霊的なコピーを手に入れる必要があるのだ。

そうはわかっていても、さっぱり見当もつかない状況ではこれ以上熱田神宮にいてもしかたがない。駐車場にまで戻った僕は、名古屋に残る二人に別れを告げ、東京まで同行してくれる二人と共に車に乗り込んだ。ここ熱田神宮から加わった元航空自衛官に運転をお願いすることにし、僕は助手席でカーナビの目的地を東京都港区白金の住所にセットした。これで夜には東京にたどり着くはず。駐車場から出て最初の信号のところでカーナビからの指示は左折だったが、交差点の上に緑色で記された「東名高速」方面の矢印は右折方向になっていた。あれっ、と思ったがもう左折のウインカーを出していたので、やむを得ず左折してカーナビの指示に従うことにした。きっと他にも東京行きの高速道路に乗れる経路があるにちがいない。そう考えてカーナビのアナウンスどおりに車を走らせてもらったのだが、次の信号もまた左折の指示があり、その次の信号も同じく左折ということで、結局だだっ広い熱田神宮の境内の際を左回りにぐるりと一周して再び駐車場の前で振り出しに戻った。

そして、先程は左折の指示が出ていた交差点に差し掛かったとき、今度は何故か右折の指示が出てきた。「東名高速」を示す緑色の標識と同じになったわけだ。こうして無事に高速道路に乗って東京へと向かうことができたのだが、運転していた元航空自衛官も後部座席に座っていた卒業生も、そして助手席の僕もが大いに頭をひねっていた。カーナビは、いったいどうしてわざわざ熱田神宮の周囲を無駄に一周回らせるような経路を選んでしまったのだろうか？　明らかに距離も時間も余分に費やすことになるというのに！

ただ、助手席からずっと進行方向の左側を眺めていたとき、本殿の御垣内の裏側にあった小高い丘のような鬱蒼とした場所が車道のすぐ側に見えた。ということは、あの「草薙之剣」が奉られていた秘密の場所に最も接近して車を走らせることができたということになる。しかも、「光の十字架」となった「草薙之剣」の周りを左回りに一周回ったわけだが、古神道では左回りに回るときには神様の御意志がそこに働いていると考えるのだ。そう、そもそも熱田神宮に近づいていくにつれて暴走してしまったカーナビだったのだが、それを再起動させて東京へと向かうときもまた異常な動きを見せたわけだ。あの「光の十字架」から放たれた光の矢が三本胸に刺さったままの状態の僕を助手席に乗せて「光の十字架」に最接近させるという……。

そして、車の後部には五島列島から岡山に持ってきていた隠遁者様ゆかりの十字架を、卒業生の発案で乗せていたのだ。そのとき車内の三人が同時に気づくことができたのだ、我々は決して無駄に熱田神宮の周囲を回ったわけではなかったということを！　そう、「光の十字架」となった「草薙之剣」が隠遁者様ゆかりの十字架に霊的に移し込まれるように、神様が我々を導いて下さったのだ！

後はこの十字架を東京は港区白金にある「地球の臍」にあたる「龍穴」に立てさえすればよい。あの世からイエス・キリストに再び命じられたエスタニスラウ神父様が、弟子であるこの僕に直接に依頼してこられた重大な使命をついに成し遂げることができるのだ！　途中二回ほどの休憩を取り、事故渋滞で二時間ほどのロスはあったが、それでも夜の八時には天現寺インターで首都高から降り、白金の古いマンションに到着できた。車を駐車させたコインパーキング自体もその大きな「龍穴」の中に入っているため、十字架は一晩車の後部に入れたままにしてもよかったのだが、万が一にも盗難に遭ったのではせっかくの努力が水の泡になってしまう。ここはたとえ疲れてはいても、もう一踏ん張りして十字架を僕の部屋のテラスに立ててしまおう。

元航空自衛官に手伝ってもらい、夜の九時には無事にテラスに隠遁者様の十字架を立てることができた。そう、隠遁者様に命じられたとおりの「光の十字架」を「龍穴」の中に入っている僕の部屋のベランダに立てることができたのだ！　ミッション、コンプリート！　ついにやり遂げたのだ、これまでイエス・キリストもエスタニスラウ神父様もなし得なかったことを！　むろん、今回はあの世からキリストや隠遁者様、さらには安倍晴明に助けていただいただけではなく、この世では高貴なお方や伯家神道の巫女、それに多くの友人達に手伝ってもらえたから達成できたことを忘れてはならない。

この瞬間、皇居の表門と裏鬼門にある東京タワーを結ぶレイラインの延長線上にある「龍穴」に「光の十字架」が輝き始め、愛知県の二人の霊能力者の女性が予見していたとおり、不安定になりかけていた東京の地下の気脈が調和と安定を取り戻していった。そのおかげで、来る二〇一九年五月に始まる新しい御代においてはあの世とこの世の境が限りなく薄くなってしまい、あの世の次元とこの世の次元が完全に融合してしまう「次元融合」が現実となってしまうことになるのだ。残すところ一年を切ってしまった今も、「次元融合」は着々と進みつつあり、その結果としてこれまではごくごく一部の厳しい修行を終えた陰陽師や神官あるいは巫女にしか操ることができなかった「神通力」を誰もがいとも簡単にやってみせることができるような世の中になりつつある。

以下に続く第二部においては、誰もが修行もせずにいつでもどこでもすぐに神通力が発揮できるということを、武道の稽古の場面を例にとって具体的にお示しすることにする。願わくば、実際にこのような単純な所作を見せるだけで「神通力」としか考えられないような圧倒的な威力をこの世の中で物理的に発揮させることができるという事実を確認し、今の世の中がどんどんと次元融合し「神代《かみよ》」が到来しつつあるという真実を受け入れていただきたい。

そう、まさに「神代到来」の時代を迎えようとしているのだ。

第二部　合気現象から見た次元融合の事実

一　コツコツ稽古する

それは、昨年二〇一七年の夏休み最後の数日を費やして超進学校として名高い灘高等学校の物理教員をしている浜口隆之さんと、前著『合気完結への旅――透明な力は外力だった――』(海鳴社)の原稿を対談形式で収録していたときのことだった。最後の最後になって、浜口さんが申し訳なさそうな口調で話し始めた。季節毎に神戸で開催している僕の直接指導稽古のときに、神戸道場の門人の皆さんが毎回のように何故かふさぎがちになってしまうというのだ。どうしてなのかと問うと、異口同音にこんな不満を漏らすのだという。

数ケ月前の指導にあった合気技法をその後毎週の稽古で練習を重ね徐々にできるようになったにもかかわらず、次の指導のときにはその積み重ねなどおかまいなしに、まったく異なった切り口の合気技法を教えてくれる……。ここ数年というもの、そんな稽古の繰り返しばかりだった……。武道の修行というものは十年一日の如く同じ技法をこつこつと繰り返して技を磨いていくものであるはずなのに、これではいつまでたっても熟達しないのではないか!

これを聞いたときに、僕は内心かなり憤然としていた。というのは、毎回ちがったことを教えているのは、できるだけ多くの門人の皆さんが本当に合気技法を身につけることができるように、それぞれの皆さんが自分に一番適したやり方を各自で見つけてもらう手掛かりを様々にお示ししているつもりだった。当然ながらそれを喜んで試してくれていると信じていたにもかかわらず、むしろ反対に大いに戸惑っていたのだ！　そんな（僕にとっては）情けない真実を突きつけられてしまった形の僕は、本来ならば反省して指導方法を変えていかなければならないところを、生来の天の邪鬼が災いしたかのように開き直ってしまう。数日後にあった東京本部道場での稽古のときに、どういうわけか突然に批判めいたことを僕は口走ってしまうのだから、よほど腹に据えかねていたのだろうか……。しかも神戸とは遠く離れた東京で、だ。

それは、次のようにある意味嫌みたっぷりな台詞で始まった。

「世の中では、武道も含めて様々な芸道の修行というものは、一年三百六十五日毎日毎日同じ技法をこつこつと稽古し続けるという努力を何十年も積み重ねるものと思われているらしい。この点、僕の道場では毎回毎回新しいというか、それまでとはまったくちがった技法をどんどんお披露目しているため、自分達はいったい何を続けていけばよいのかさっぱりわからないというご不満を抱いている皆さんも少なくないと最近聞き及ぶに至った。できるだけ皆さんそれぞれにとっての手掛かりというか選択肢が多いほうがよいだろうと考えての親心でそうしてきたつもりだが、まあ、そこまで言われてしまったのでは僕も心を入れ換えて毎回同じ合気技法をこつこつと学んでもらえるようにしようと思う。ということで、まずはいちばん基本の合気修練からこつこつとやってみよう」

そう口走ったかと思うと、東京道場長をお願いしている岡山の頃からの古い門人に相手をお願い

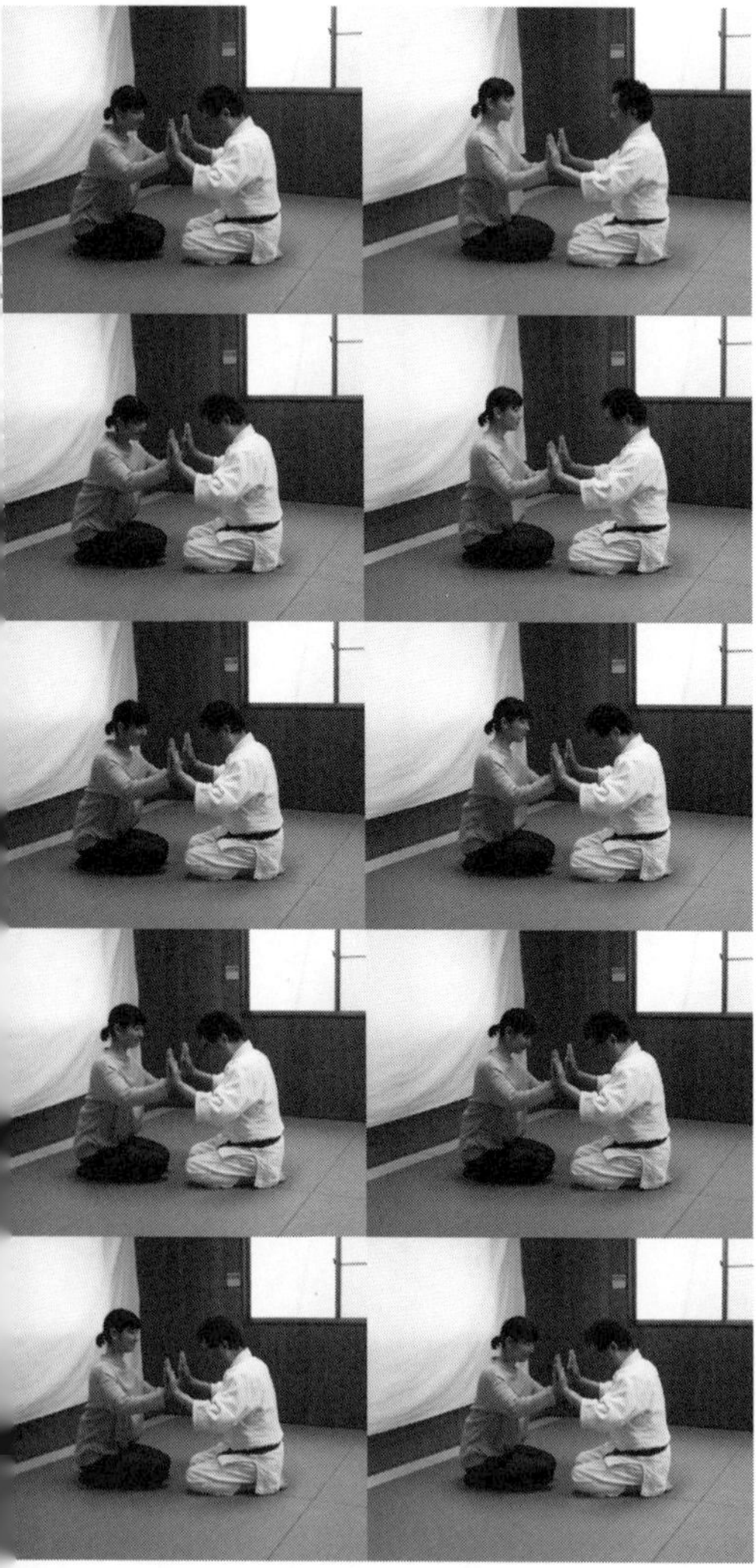

写真３　互いに正座をして両掌を合わせて押しても相手を後ろに倒すことは難しい

し、二人で互いに面と向かって正座をしてから互いの両手を軽く前に出して掌同士を合わせる（写真3）。なお、本書での解説用の写真では実際に道場でお披露目したときの東京道場長の側を僕自身が、僕自身の側を東京道場の若い華奢な女性門人がモデルとなって再現していることに留意していただきたい。その上で僕が全力で両腕を前に押していっても、同じく正座をして全力で抵抗している道場長を後ろに倒すことはできない。互いの力が拮抗してしまうからだが、道場長のほうが筋力においてもスタミナにおいても僕を凌駕していたため、最終的には逆に僕が跳ね返されるかのように後ろに倒されてしまった。

もちろん、いつも稽古の最初では、このように体力的には僕のほうが道場長よりもずっと弱いのだという事実を皆さんにお示しすることにしている。その上で、毎回僕が愛魂《あいき》と呼んでいる合気技法を用いると、どういうわけか筋力も運動能力も武道経験も勝っている道場長のほうが簡単に後ろに倒されてしまう（写真4）。このとき、東京道場を開いた七年前の頃は「汝の敵を愛せよ」というイエス・キリストの教えに従って、単に相手を愛すればこうなるという説明に終始していた。その意味では、僕も皆さんに結構こつこつと修行してもらってはいたのかもしれない。だが、いくら僕が口を酸っぱくして「相手を愛して下さい」と叫んでも、誰もがなかなか僕のようにはうまくできないのだ。その理由は簡単にわかったのだが、要するに皆さんは単に相手を愛そうと意識的に努力しているだけで、それでは本当に相手を愛していることにはなっていないのだ。

この「汝の敵を愛せよ」というイエス・キリストの教えに本当に従うならば、自分を殺そうと思って襲いかかってくる敵を無力化して制することができるのだが、それはキリスト伝来の活人護身技法となってキリスト教の奥深いところに連綿と受け継がれてきた。キリスト教が分派してからもカトリックとロシア正教にはわずかながら伝え残されていたが、カトリックでは近年までスペインのモンセラート修道院にのみそれを受け継いでいた修道士が夢枕に立ったイエス・キリストの命によって今から四十年ほど前に日本に移ったために、カトリックでの伝承は消えてしまう。幸いというか、神の

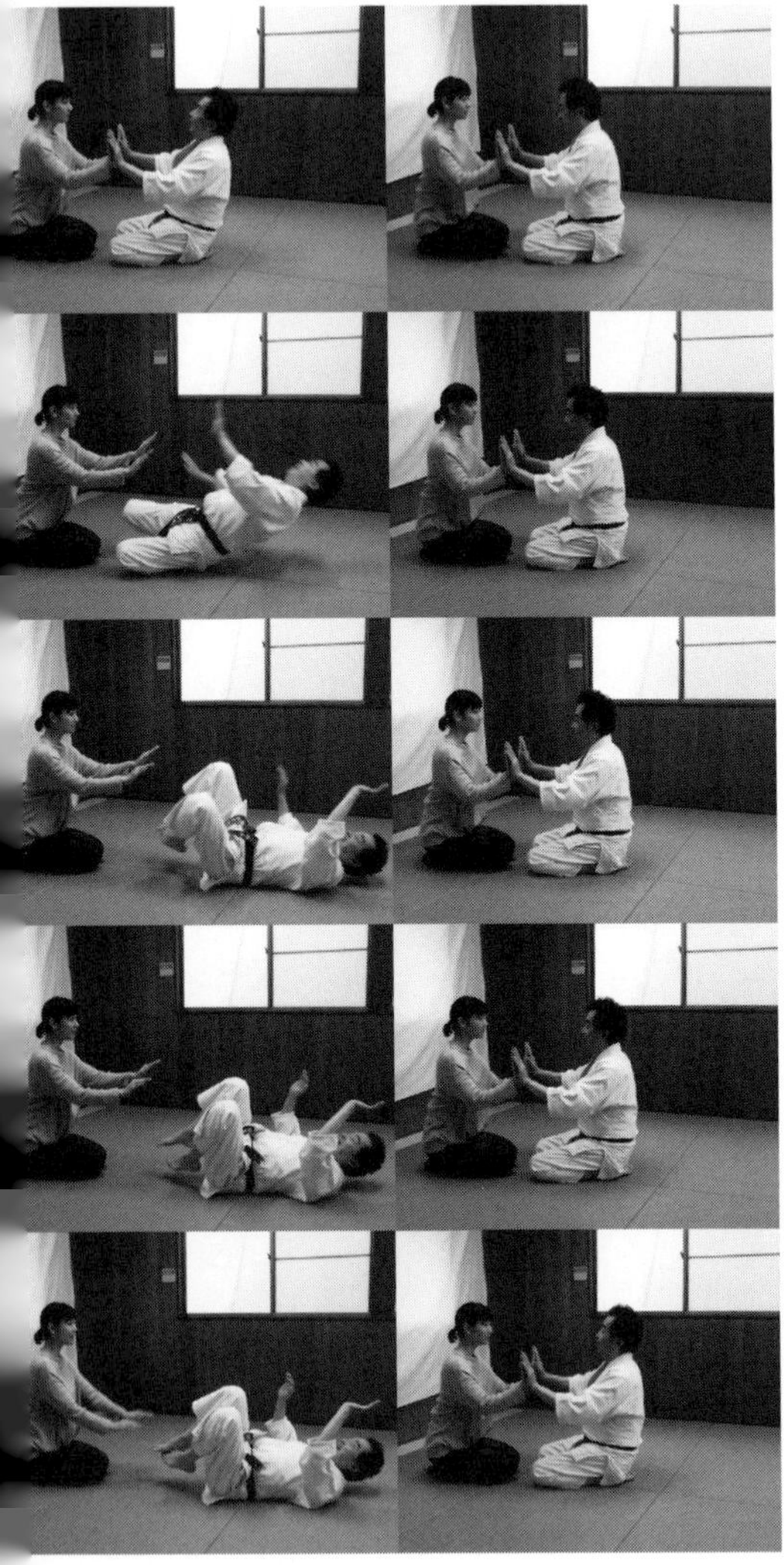

写真４　相手を愛すれば相手は簡単に後ろに倒れる

導きとしか表現できない奇跡によってその修道士マリア・ヨパルト・エスタニスラウ神父に巡り会うことができた僕は、その活人護身技法を授かってしまった（写真5）。それが「冠光寺眞法」であり、「汝の敵を愛せよ」というキリストの教えによって日本武道の奥義と目されている「合気」とまったく同じ効果によって敵を無力化して無傷で制する活人術に他ならない。

また、ロシア正教で密かに伝えられていた技法はソビエト革命でロシア全土の教会が焼き払われ修道士達が殺されていく中にあっても、新生ソビエト陸軍特殊部隊「スペッツナツ」における無敵の格闘技として生き残っていった。その後、ロシア陸軍特殊部隊として存続してきたスペッツナツの格闘技教官だったミヒャエル・リャブコ師によって「システマ」と名付けられて世界中に紹介されてきている（写真6）。リャブコ師もまたエスタニスラウ神父と同様、「汝の敵を愛せよ」というキリストの教えのみに生きた結果、敵と自分の間の空間を自在に操ることで敵を無力化するという奇跡的な活人護身技法を体現することができた希有な軍人だった。

写真5　マリア・ヨパルト・エスタニスラウ神父

エスタニスラウ神父やリャブコ師のようにキ

写真6　ミヒャエル・リャブコ師と著者

リストの教え「汝の敵を愛せよ」に忠実に「本当に相手を愛する」ということができるようになるまで、相手を愛する稽古を十年一日の如くこつこつと皆さんに続けてもらっていれば「毎回指導内容がちがってくる」という不満が噴出することもなかったのかもしれない。だが、皆さんは単に相手を愛そうと意識的に努力することを必死に続けていくだけであり、それでは相手を本当に愛していることにはならないため何年経っても合気を身につけることはできない。その結果、失望して道場を去っていく人も少なくはなかった。そんな皆さんの寂しそうな後ろ姿を見るにつけ、何か「本当に相手を愛する」ということと同じ合気の効果を簡単に誰でもがすぐに会得で

写真7　相手を愛することで
相手は簡単に倒れる

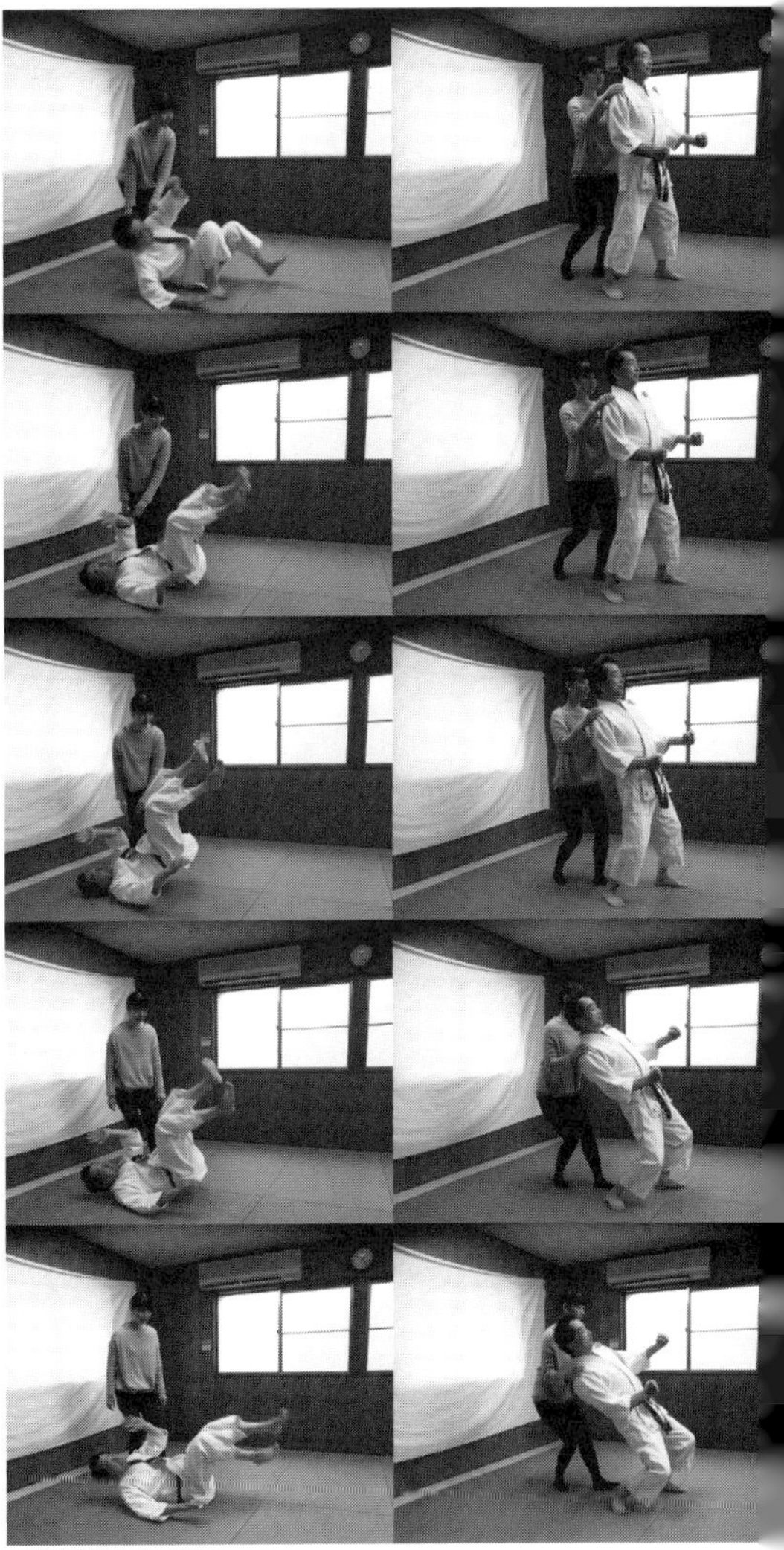

きる方法はないものかと、ない知恵を振り絞ったものだ。さらには、その昔のことだが大東流合気武術宗範（師範の長の意味）で不世出の武術家の誉れ高い佐川幸義先生から受けた直伝講習の内容を紐解いてみたりして、それなりの合気修得技法をかなりの数皆さんにお示しすることができた。

例えば、キリスト教カトリックの聖人マザーテレサの有名なお言葉に「愛の反対は憎しみではなく無関心」というものがある。これを知ったとき、僕の頭に閃いたことがあった。それは、愛の反対が無関心であるなら、愛とは無関心の反対、つまり強い関心を抱くことになるというものだった。相手にとことん関心を寄せれば、それが即ち相手を愛することになるのだ。では、相手に強い関心を抱くにはというと、当然ながら相手のことを目を皿のようにして見る、つまり刮目して見る、さらには穴が開くほど見つめて、今まで見えていなかった相手の顔の黒子や毛穴などの存在に気づけばよい。そうすれば、たとえ盤石な体勢で両足を前後に開いて抵抗している相手であっても愛することで後ろに簡単に倒れたときのように（写真7）、やはり簡単に倒れてしまう（写真8）。

その他にも、ある医学系の学会の懇親会の席で初めてお目にかかった脳外科の女医さんは、脳の開頭手術の前には手術場にいる他の医師や看護師さんを含めて全員で「アヴェ・マリア」を歌うという。そうすることで、手術が成功する確率が高くなることを経験上ご存じだそうだ。それを聞いた僕は、「そうか、アヴェ・マリアを歌うか、心の中で唱えるか、さらにはアヴェ・マリアを耳にするだけで相手を愛するのと同じ効果が現れるはずだ」と直感した。すぐに試してみると、これまた相手を愛したときと同じように簡単に相手が後ろに倒れてしまう（写真9）。

写真８　相手に強い関心を抱くことは相手を愛することに等しい

歌声で合気の効果が出てくるならばということで、さらには音楽に乗せて身体をダンスのように動かしてみれば、それでもあっという間に相手を後ろに倒すことができた（写真10）。むろん、阿波踊りのようなテンポの速い動きでもよいし、ウィンナーワルツのような優雅な身体の使い方でもよいのだが、思想家ルドルフ・シュタイナーが提唱した人智学に基づくオイリュトミー（魂の芸術）と呼ばれるダンスをなさっていた女性の踊りは圧巻だった。まるでダンスの競演をしているかのように、相

写真9　アヴェ・マリアを心の中で唱えるだけで相手は簡単に後ろに倒れてしまう

写真10　身体をダンスのように動かすだけで相手は簡単に後ろに倒れてしまう

手もまた笑顔で楽しそうに後ろに倒れていくのだから（写真11）。

こうして、毎回できるだけ多種多様なやり方をご披露することで、それらの中から各自もっとも自分に見合ったものを糸口にして「汝の敵を愛せよ」という本当の合気技法を修得していただこうと考えていたのだ。そんな僕なりの優しさ故の配慮が、まさか皆さんを「毎回指導内容がちがってくる」という不満に導いていたとは気づかなかったのだが、それを知らされたときからの僕は心の奥底に腹立たしさと悔しさを抱え続けていたにちがいない。何故なら、前出の如く「……できるだけ皆さんそれぞれにとっての手掛かりというか選択肢が多いほうがよいだろうと考えての親心でそうしてきたつもりだが、まあ、そこまで言われてしまったのでは僕も心を入れ換えて毎回同じ合気技法をこつこつと学んでもらえるようにしようと思う。ということで、まずはいちばん基本の合気修練からこつこつとやってみよう」と皮肉たっぷりに宣言しておいてから、正座をして抵抗している相手の掌を押すときに素っ頓狂な声で「コツコツコツコツコツコツコツコツ！」と発声したのだ。そのとたん、相手は

写真11　オイリュトミーはまさに愛の表現であり、それによって相手は簡単に後ろに倒れてしまう

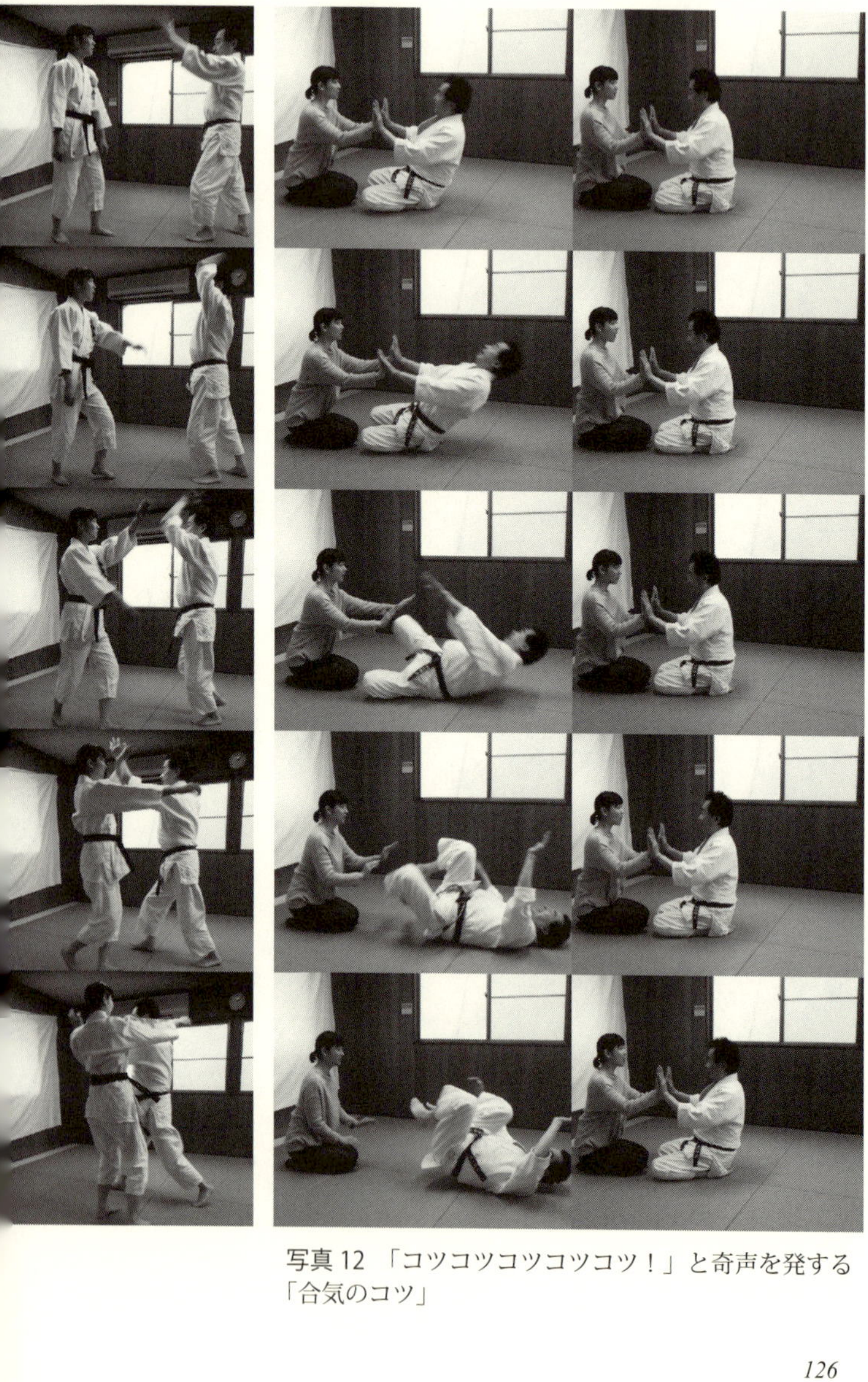

写真 12 「コツコツコツコツコツ！」と奇声を発する「合気のコツ」

写真13 「コツコツコツコツコツ！」と奇声を発する「入り身投げ」

不可思議千万といった表情のままで後ろに大きく倒れていってしまった（写真12）。

むろん、これを見ていた東京道場の門人達はすぐに僕の真意を汲んでくれたようで、全員が大爆笑となった。そう、やはりこの僕には普通の武道修行のように百年一日の如くこつこつと同じ稽古を繰り返すなどということは端から無理な相談であり、そんなことをも冗談の種にして笑い飛ばしてしまうという不謹慎なことまでも平気でやってしまったのだ。だが、笑い声の嵐が過ぎ去った次の瞬間、

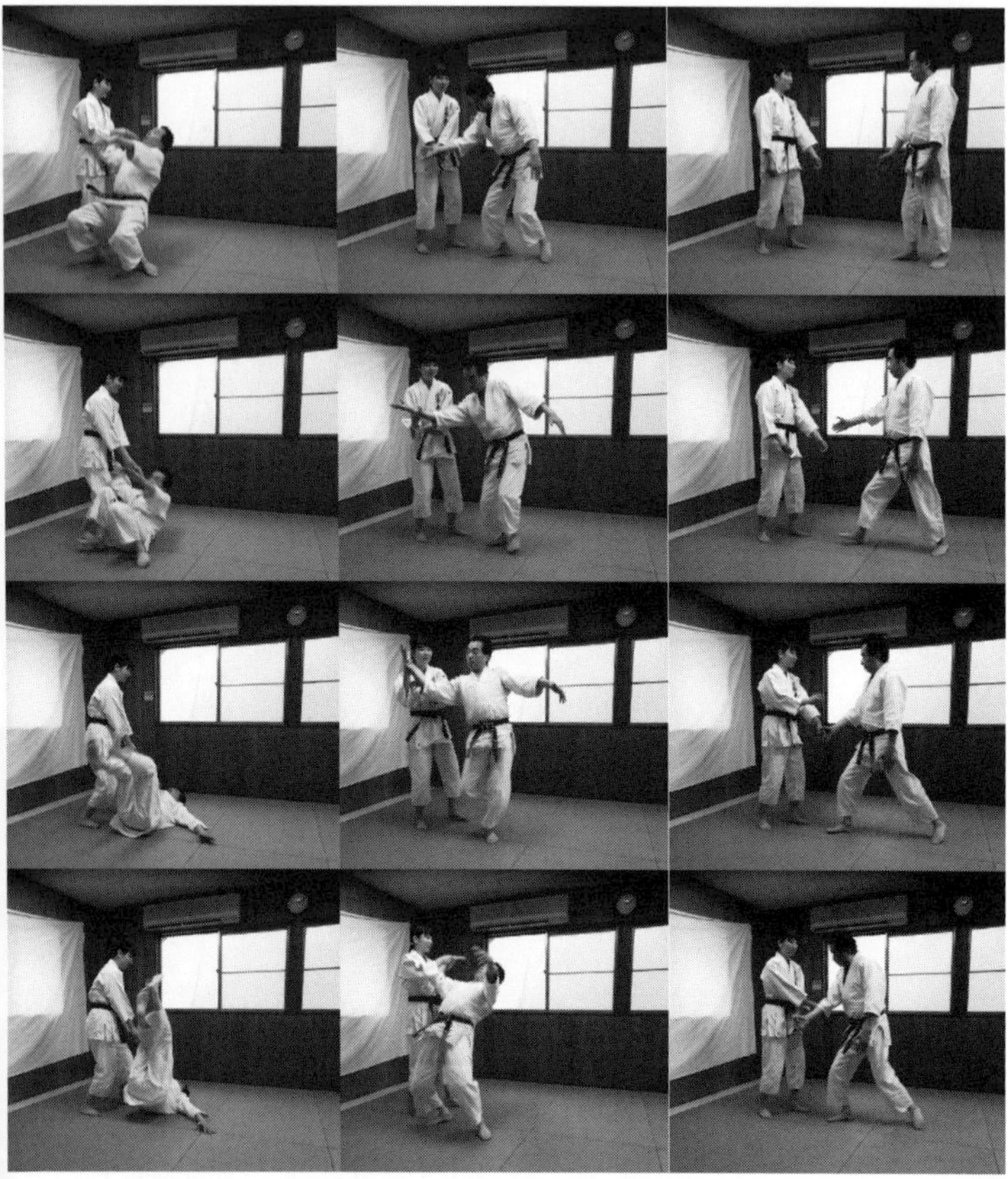

写真 14 「コツコツコツコツコツ！」と奇声を発する「小手返し」

写真 15　「コツコツコツコツコツ！」と奇声を発する「四方投げ」

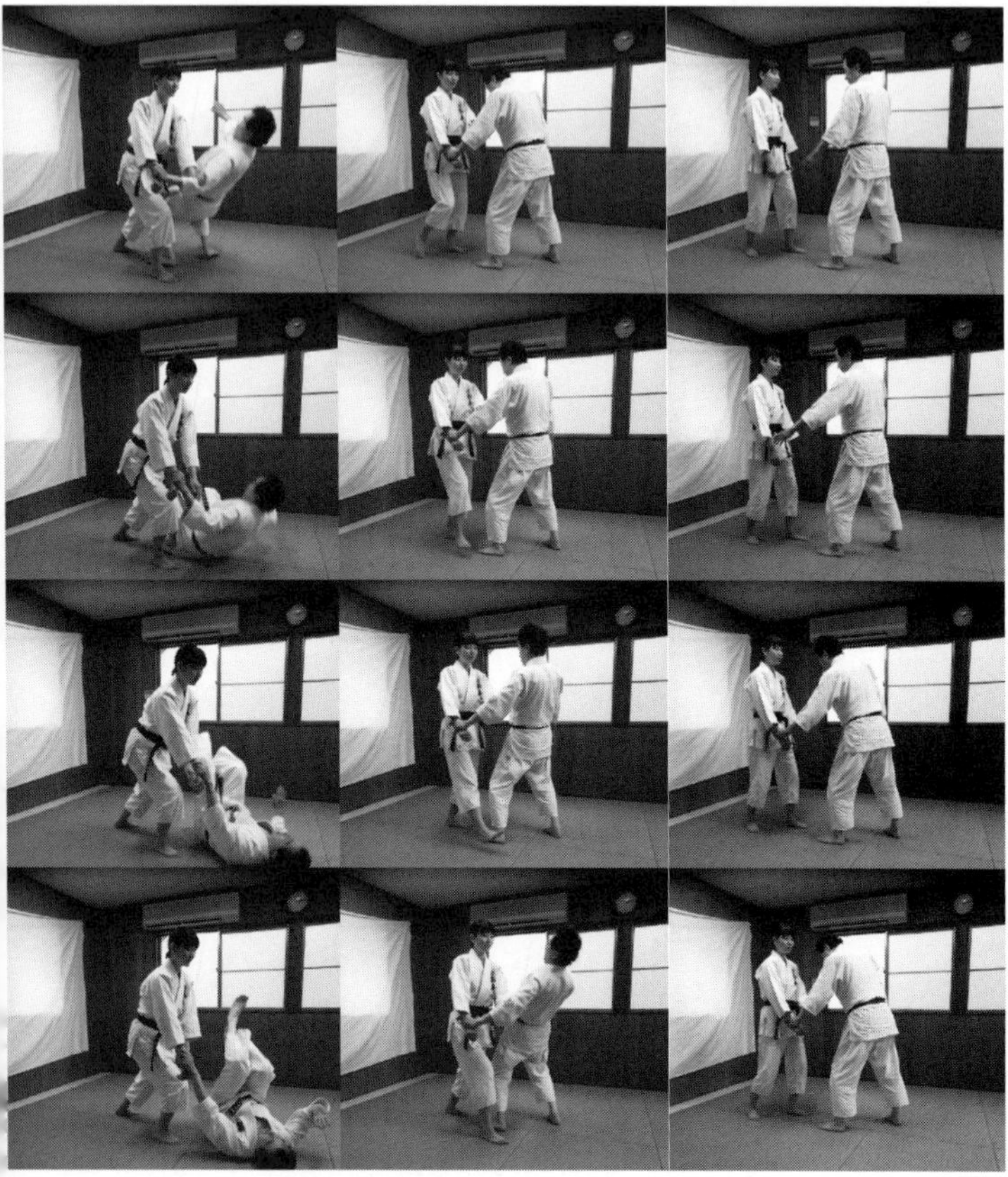

写真 18 「コツコツコツコツコツ！」と奇声を発する「隅落とし」

道場の中は冷静になった門人達が発する驚愕のため息で満たされてしまう。それも、そのはず。「コツコツコツコツコツコツコツコツ」などという馬鹿げたかけ声を上げるだけで合気技法を操る、つまり相手を無抵抗の状態にして簡単に倒すことができるということが示されたのだから。

むろん、この僕だけができるのではなく、その直後に全員で「コツコツコツコツコツコツコツコツ」と発声しながら試すことで、誰もがすぐに確実にやってのけることができる簡単明瞭な合気技法だということも判明した。すぐに合気道や柔道の投げ技にも応用してみたところ、どの技も「コツコツコツコツコツコツコツコツ」と発声しながら試してみると、おもしろいように技が決まって相手が投げ倒されてしまう（写真13〜18）。

武道や格闘技の中でも常識的には実現不可能だとされるいくつかの伝説的な投げ技でさえ、「コツコツコツコツコツコツコツコツ」と発声しさえすればいとも簡単にできてしまう。例えば、返すことも難しいとされる「マウントポジション」では、仰向けに倒れたこちらの胴体の上にロデオの馬乗りよろしく腰を浮かしてまたがっている相手は上体をできるだけ起こしてこちらの顔面を攻撃してくる。そのため、相手の身体の回転に対する慣性モーメントが大きくなって左右にひっくり返すことができにくくなっている（写真19）。この「マウントポジション」を返す技は「マウント返し」と呼ばれるが、現在のところ唯一「マウント返し」として知られる技法はブラジルのヒクソン・グレイシーが得意としたもので、相手の片腕を肘から折り込んで抱えることで相手の上体をこちらの身体に近づ

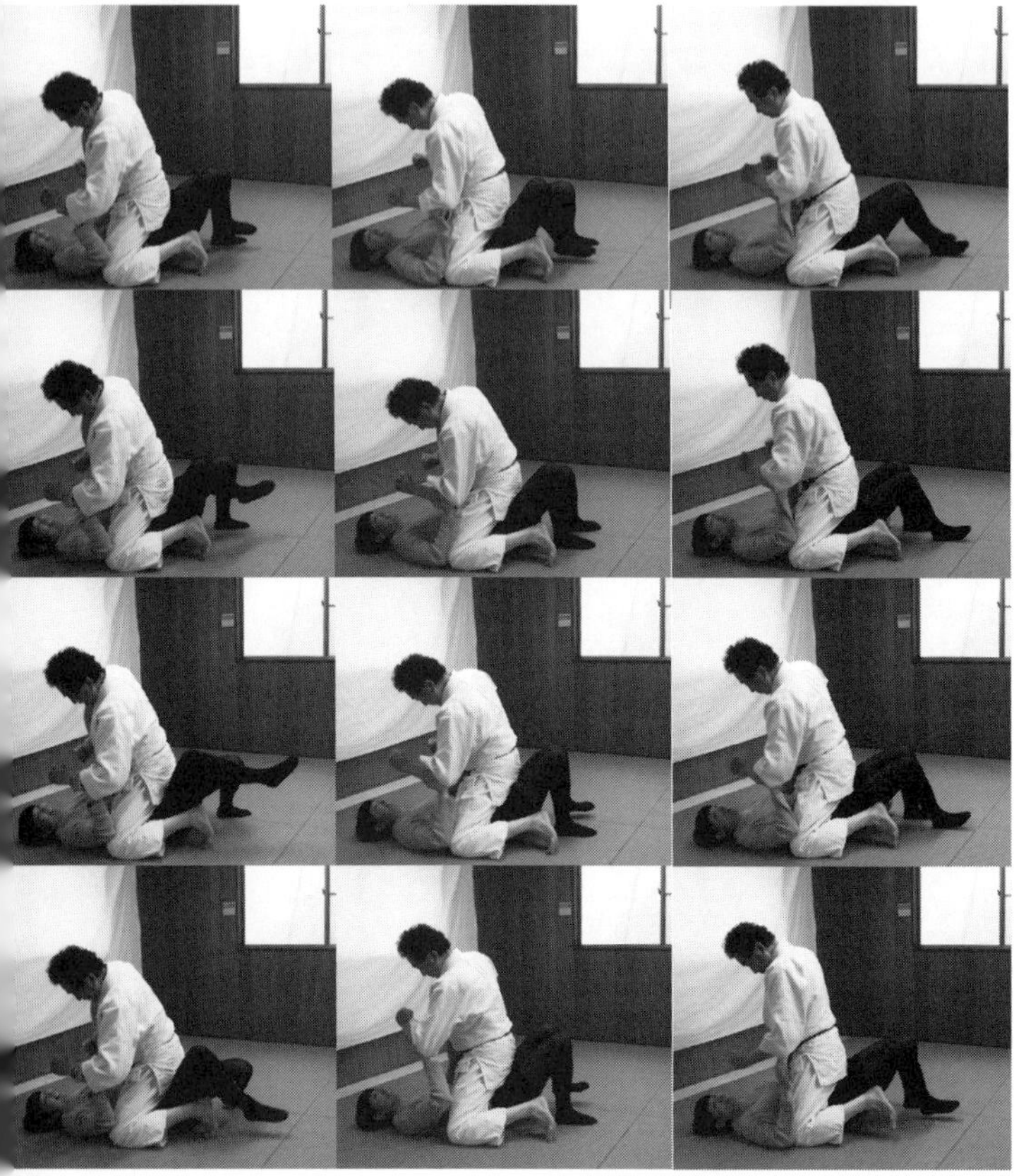

写真19　マウントポジションを返すことは難しい

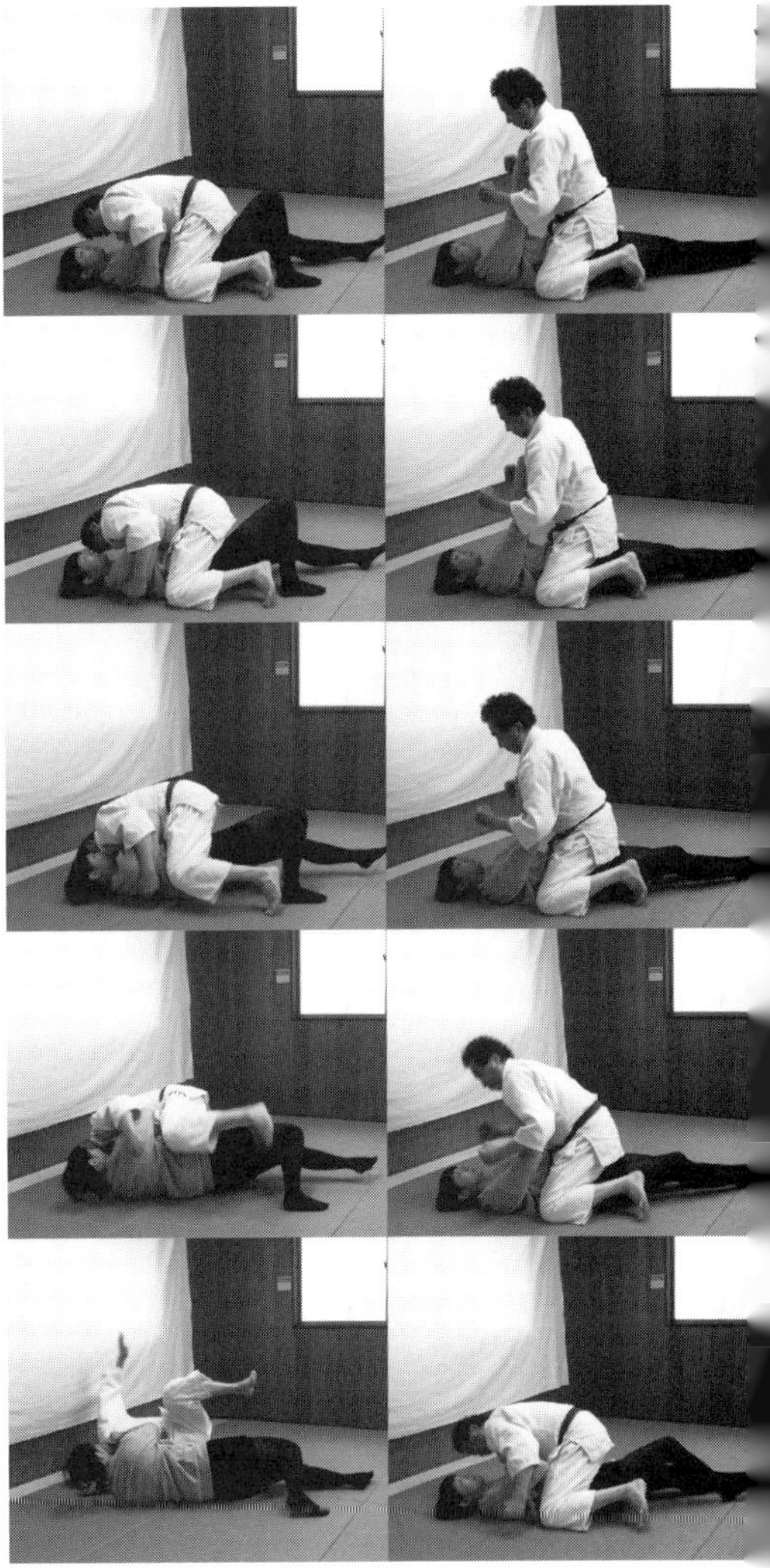

写真20　力学的な「マウント返し」

けて慣性モーメントを小さくして回転させやすくするという、きわめて力学の観点からは合理的な技となっている（写真20）。

とはいえ、このような力学的な「マウント返し」の技は、相手の腕を取って肘を折り曲げるように抱えることができなければ成立しないため、手慣れた相手は簡単に腕を取られるようなことはしてこない。そのため、「マウント返し」は実現不可能な幻の技だといわれることが多い。ところが、ところがだ。「相手を愛する」という究極の合気技法を用いるならば、そんな幻の「マウント返し」も簡単に実現される（写真21）。さらには、単に「コッコッコッコッ！」と発声しながら身体を捻れば、マウントした相手の身体を簡単に返すことができてしまう（写真22）。

さらに、柔道の伝説の名人である三船久蔵十段が得意とした「空気投げ」と呼ばれる投げ技もまた、現代の柔道界においては誰も再現することができない幻の投げ技とされている。確かに、相手の袖口

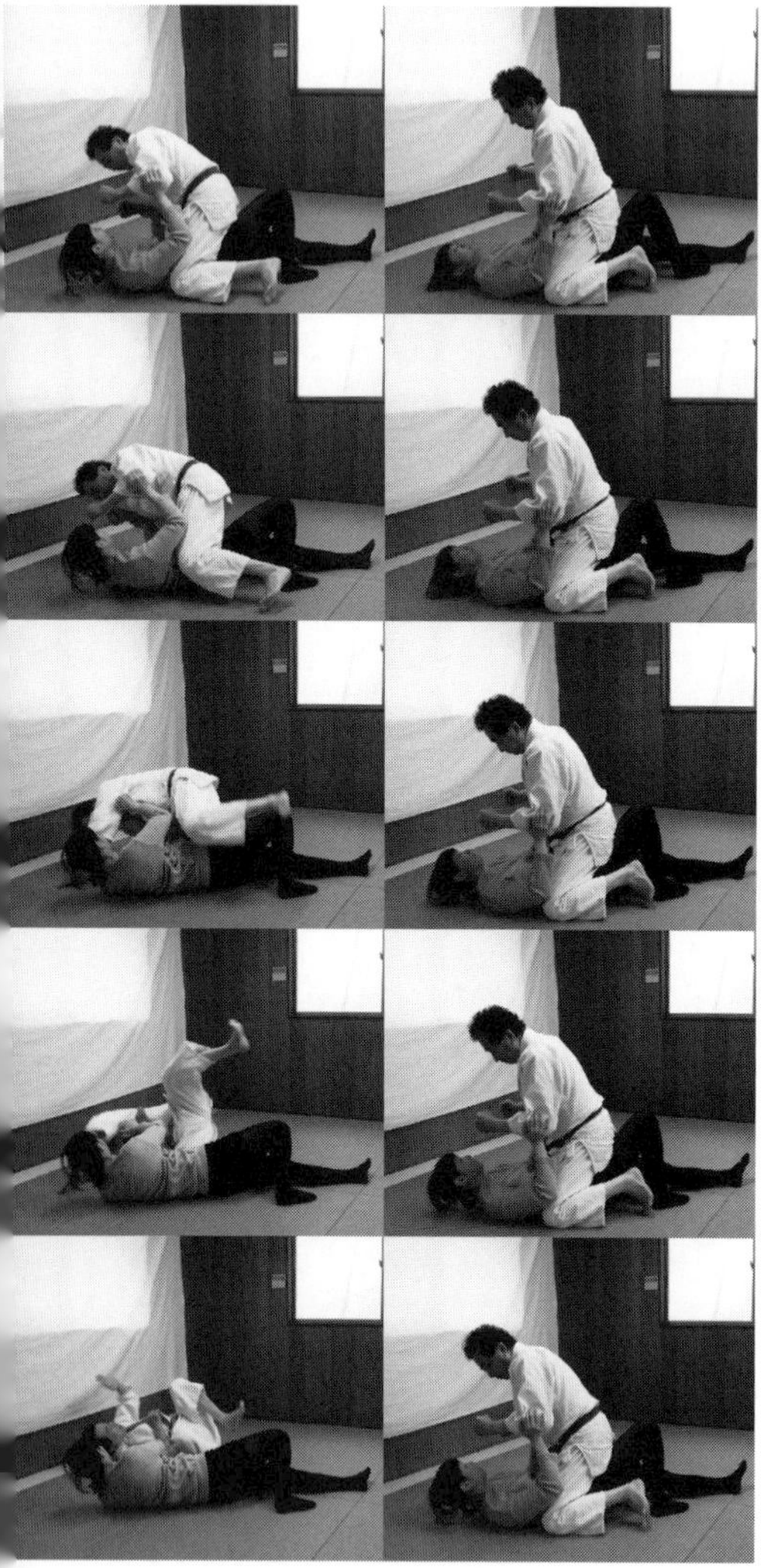

写真 21　「相手を愛する」ことで合気によってマウントポジションを簡単に返すことができる

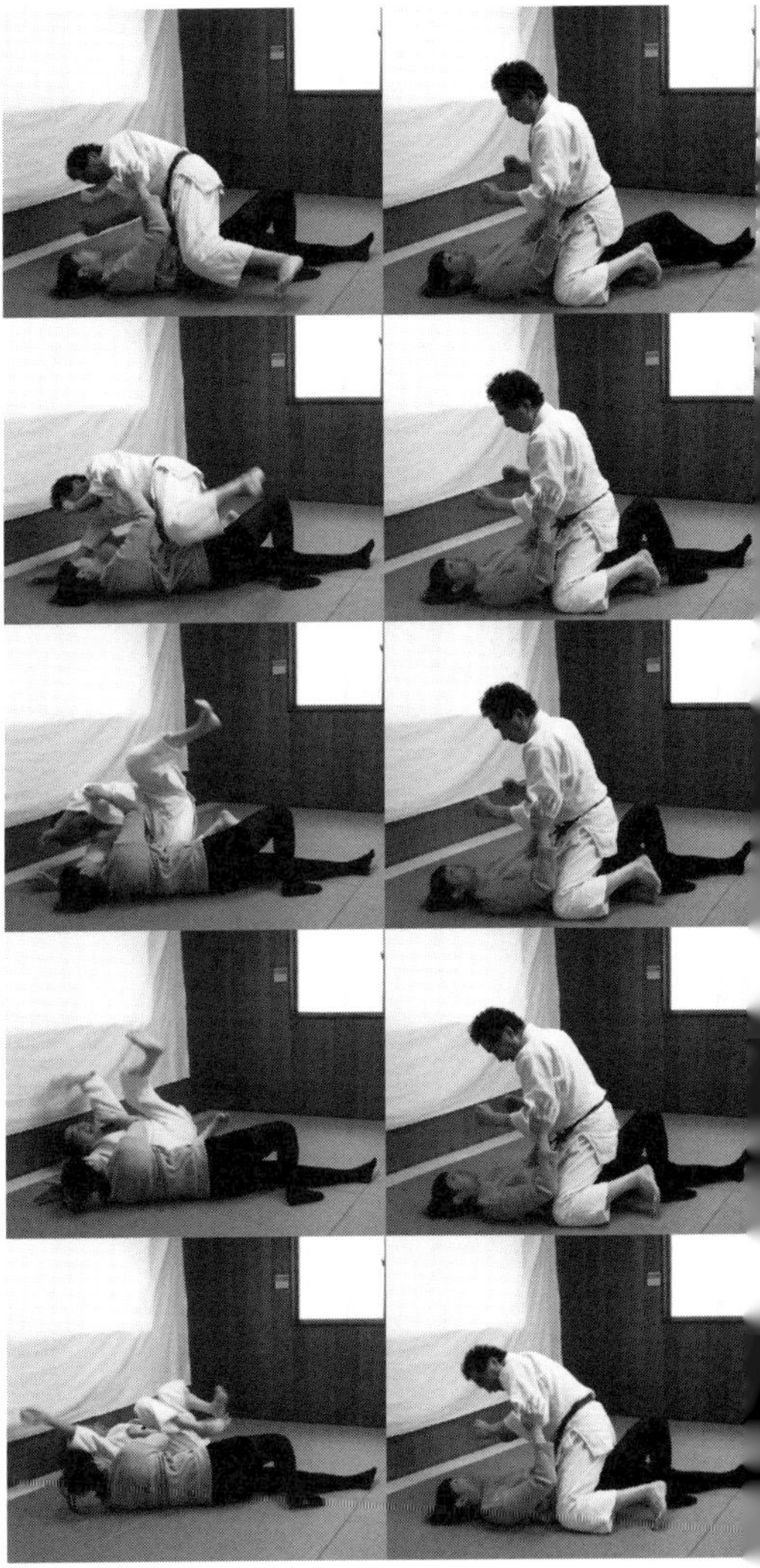

写真22　「コツコツコツコツコツ！」と奇声を発する「マウント返し」

を軽くつかんだ状態から足も払わずに相手の身体をいとも簡単に投げ飛ばしてしまうことなど、よほどの好条件が揃わないかぎり不可能に思えることは確かだ（写真23）。ところが、これまた「コッコツコッコツコツ！」と発声しながらつかんでいた相手の袖口を軽く上下に振り分けるだけで、誰もがいつでもすぐに幻の「空気投げ」で相手を投げ飛ばすことができる（写真24）。

しかし、考えてみればこれほど人を小馬鹿にしたことはない。「コツコツコツコツコツコ

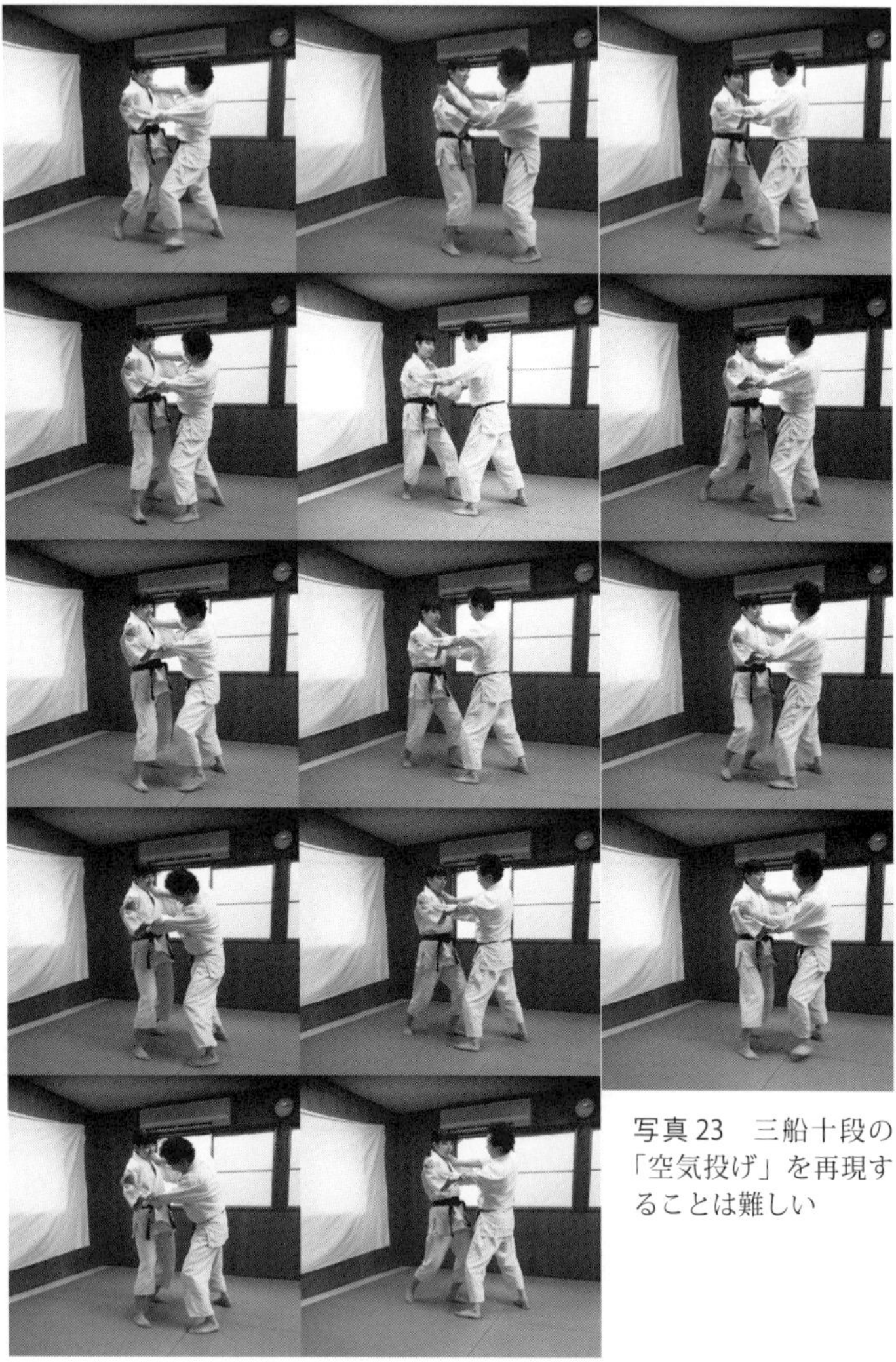

写真23　三船十段の「空気投げ」を再現することは難しい

ツ！」と発声しながらやれば、どんなに難しい投げ技であっても誰でもすぐに実現してしまえるというのだから。百年一日の如く日々の研鑽を積み重ねてきた人達が聞けば、あきれるのを通り越して怒ってしまうかもしれない。そんな馬鹿げたことはあり得ないのだから……。そう、確かにこれまでの世界ではこんな馬鹿げたことは絶対に起きなかったのだ。だが、but、しかし！　どうも、今の世界は変わってきているようなのだ。現に、こんな馬鹿げたとしか思えないようなことが、実際に起きているのだから……。

写真 24 「コツコツコツコツコツ！」と奇声を発するならば誰もが簡単に「空気投げ」で相手を投げ飛ばすことができる

二　音霊と音程

この世界が変わってしまったという事実を知るには、これまでの世界の中では不可能と考えられていた事象がいつでもどこでも誰にでも生じていることを見るのが最も簡単な方法だろう。中でも、できるできないの差が相手の身体が崩れるか崩れないかに顕著に現れる武道・格闘技の世界で究極奥義と目されてきた「合気技法」は、これまでは希代の達人にしか操ることができない至難の技と考えられてきた。それが、世界が変わってきたことによって、いつでも誰でも合気によって相手の身体を簡単に崩してしまうことができるようになってしまった。この点に着目するならば、万人のための単純なメソッドとして体系化された様々な合気誘導技法が存在するという事実自体が、この世界が変わってきているということのバロメーターとなっていると考えられるのではないだろうか。

確かに西暦二〇一七年、本来ならばその前年末に天に召された大恩あるシスター渡辺和子の喪に服す形でおとなしくしていたはずの一年間というもの、ふとした気づきがこれでもかというように押し寄せてきた。その結果、誰もがすぐに実践できてしまう合気誘導技法の数々を発見する日々が続き、平安時代末期から江戸幕府末期までの武家社会とそれに続く明治大正昭和の激動の時代においては、十指にも満たない天才武術家のみが苦節数十年の厳しい修練を経てかろうじて操ることができていた合気技法を、万人の手に取り戻すことができたのだ。そんな中、僕の心の奥底で徐々に頭をもたげてきたのは、今の時代がちょうど一千年の暗黒期を経てやっとこの世とあの世の境が薄くなり始めたタイミングになっているのではないかという根拠のない絶対的な確信だった。そう、安倍晴明に代表される陰陽師達が自在に呪術を操ってあの世の存在をこの世に表出させ、不可思議千万な現象を引き起こすことで都と国を平定していた時代が蘇りつつあるという……。

この節を含めた以下の九節では、僕をそのような確信に導いていってくれた様々な合気誘導技法についてその詳細をご紹介し、その後に拙著『神の物理学——蘇る素領域理論——』（海鳴社）で予告させていただいていたとおり、合気技法の根元的な物理原理を素領域理論の枠組で論じることで第二部の締めとしたい。

武道修行者の中でも経験が浅いうちは「合気」を「気合」と混同してしまうことがよく見受けられるが、数年前までならば気合をかける程度のことで合気を誘導するなどということは、例えば晩年の合気道開祖・植芝盛平翁のような達人にしか実現できていなかった。ところが、二〇一七年一月からのこの世界においては、誰もが気合を発声することで相手を合気技法によって簡単に崩してしまうことができる。その場合、気合としての発声の掛け声自体は「エイッ」とか「トォーッ」や「フン」などどのようなものでもよいのだが、発声するときの音程は崩そうとする相手の身体部位によって微妙に変えておく必要がある。

それは、二足直立する相手の身体を上段、中断、下段の三段階、即ち胸から首や頭にかけての部分、腹から腰までの胴体部分、そして下肢部分の三段に分けた上でのことだ。例えば相手の中段に触れて何らかの気合いを発して合気による崩し技法を誘導しようとするとき、発声は高音・中音・低音のう

写真25　相手の上段に触れて気合を掛けるとき、高音で気合を発するならば合気の効果で相手は簡単に崩れてしまう

写真 26　相手の中段に触れて気合を掛けるとき、高音や低音で気合を発しても合気技法を誘導することはできず、相手が崩れることはない

写真 27　相手の下段に触れて気合を掛けるとき、例えばローキックを相手の脚に放つとき高音や中音で気合を発しても合気技法を誘導することはできず、相手が崩れることはない

ちの中音の音程を用いなければならない（写真25）。高音や低音で気合を掛けても合気による崩しを実現することはできないのだ（写真26）。

むろん、相手の身体の上段部分に触れて気合を発する場合には高音の音程で発声しなければならないし、ローキックなど相手の身体の下段部分に触れて倒そうとするときには低音の音程で発声しなくてはならない（写真27、28）。

写真28　相手の下段にローキックを打ち込むとき、低音で気合を発するならば合気の効果で相手は簡単に崩れてしまう

三　神道の祝詞

合気道開祖の植芝盛平翁の晩年の稽古は天叢雲《あめのむらくも》サムハラ龍王と呼んだ合気大神様への祝詞奏上による神降ろしに始まったが、まさにその神業の如き合気による不思議な投げ技の数々の多くは天にも突き抜けるほどの甲高い気合のような掛け声とともに放たれていた。そんな場面を目にしたり記録映像を見た武道家のほとんどが「合気」を「気合」と誤解してしまったと聞くが、それは、植芝盛平翁が九鬼神流《くかみしんりゅう》という神道系の武術を九鬼《くき》隆治から学んでいたという事実を知る人がほとんどいなかったことからして、やむを得ないことかもしれない。

合気道の原型となった大東流合気柔術の体系は、中興の祖と目される武田惣角が会津藩の家老職にあった神官の西郷頼母から学んだとされるが、それは安倍晴明等の陰陽師が操った「御式内」と呼ばれる本来はあの世からこの世にまで手出しをしてくる魑魅魍魎を相手にする呪術系武術をそのまま不埒な悪人相手に流用したものだった。そのため、合気の技をかける動きの節目節目で必要な神々の名前を発声するのだが、そもそも合気技法の動きそのものが目にも止まらぬ早業であったため神様の名前、例えば「天之御中主神《あめのみなかぬしのかみ》」の最初の音「あ」だけが聞こえて「アーッ」という気合のような印象になって残ったのではないだろうか。そして、神々の名前をひたすら連呼すること自体が「禊ぎ祓いの祝詞」となっていることから、その後の九鬼神流などの神道系武術においては合気の技を繰り出すときに何らかの祝詞を奏上するという合気誘導技法が広まっていったと考えられる。

このように見ていくと、合気道開祖・植芝盛平翁は決して気合を掛けることで合気の神業を実現したのではなく、祝詞の一節を瞬時に発声して合気技法を誘導していたのではないかと推察することができる。そこで、この事実を確認するために、抵抗する相手に対していくつかの合気道の典型的な投げ技をかけるとき、何も発声しないでやるときと祝詞を素早く奏上しながらやるときのちがいを確認してみることにした。例えば、稽古相手が好意的に自ら倒れてくれないと実現することが難しいとされる「入り身投げ」について、祝詞を発声しない場合には抵抗する相手を投げ倒すことはできない（写真29）。ところが、動きとしてはまったく同じにもかかわらず、祝詞を発声しながら施した「入り身投げ」では抵抗する相手を一瞬で投げ飛ばすことが可能になる（写真30）。

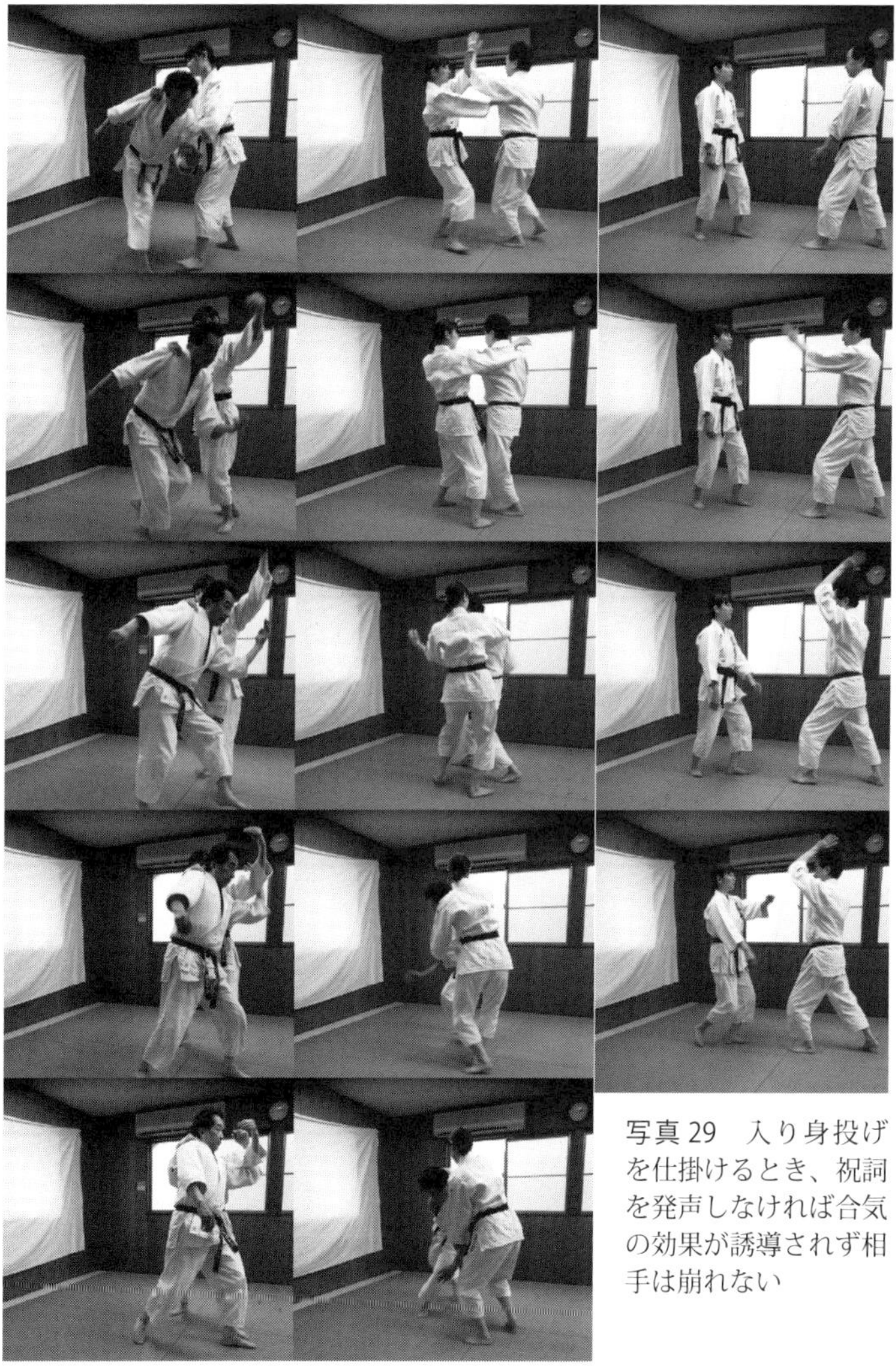

写真29　入り身投げを仕掛けるとき、祝詞を発声しなければ合気の効果が誘導されず相手は崩れない

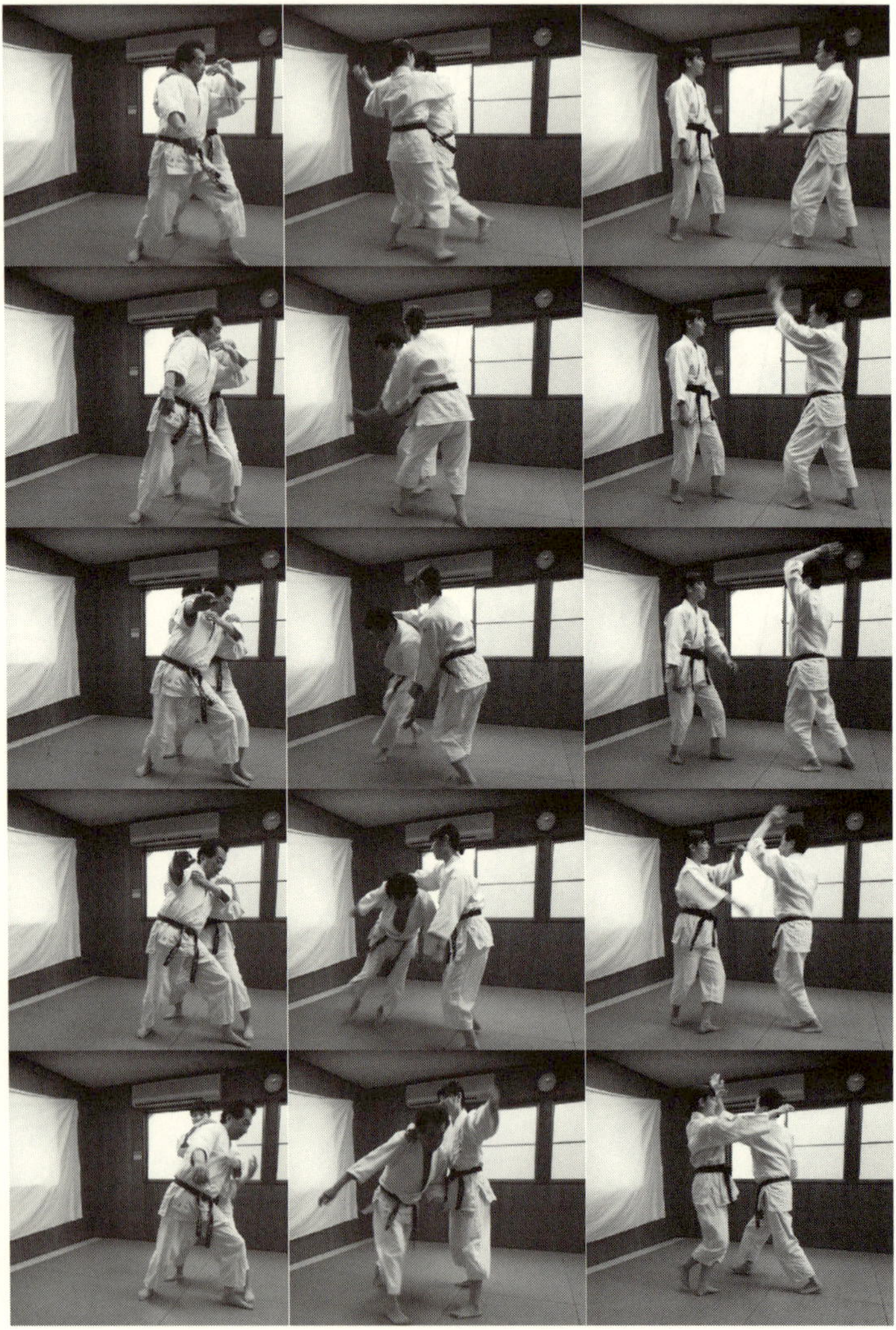

写真 30　入り身投げを仕掛けるとき、祝詞を発声しながらやれば合気の効果が誘導され、相手は投げ倒されてしまう

同じ現象は「入り身投げ」と同様に力技では抵抗する相手には実現が難しいとされる他の技についても生じることが確認できるが、これについては連続写真でそれぞれ祝詞を発声しない場面と発声する場面を提示するにとどめる（写真31～38）。

写真31　四方投げを仕掛けるとき、祝詞を発声しなければ合気の効果が誘導されず相手は崩れない

写真32　四方投げを仕掛けるとき、祝詞を発声しながらやれば合気の効果が誘導され、相手は投げ倒されてしまう

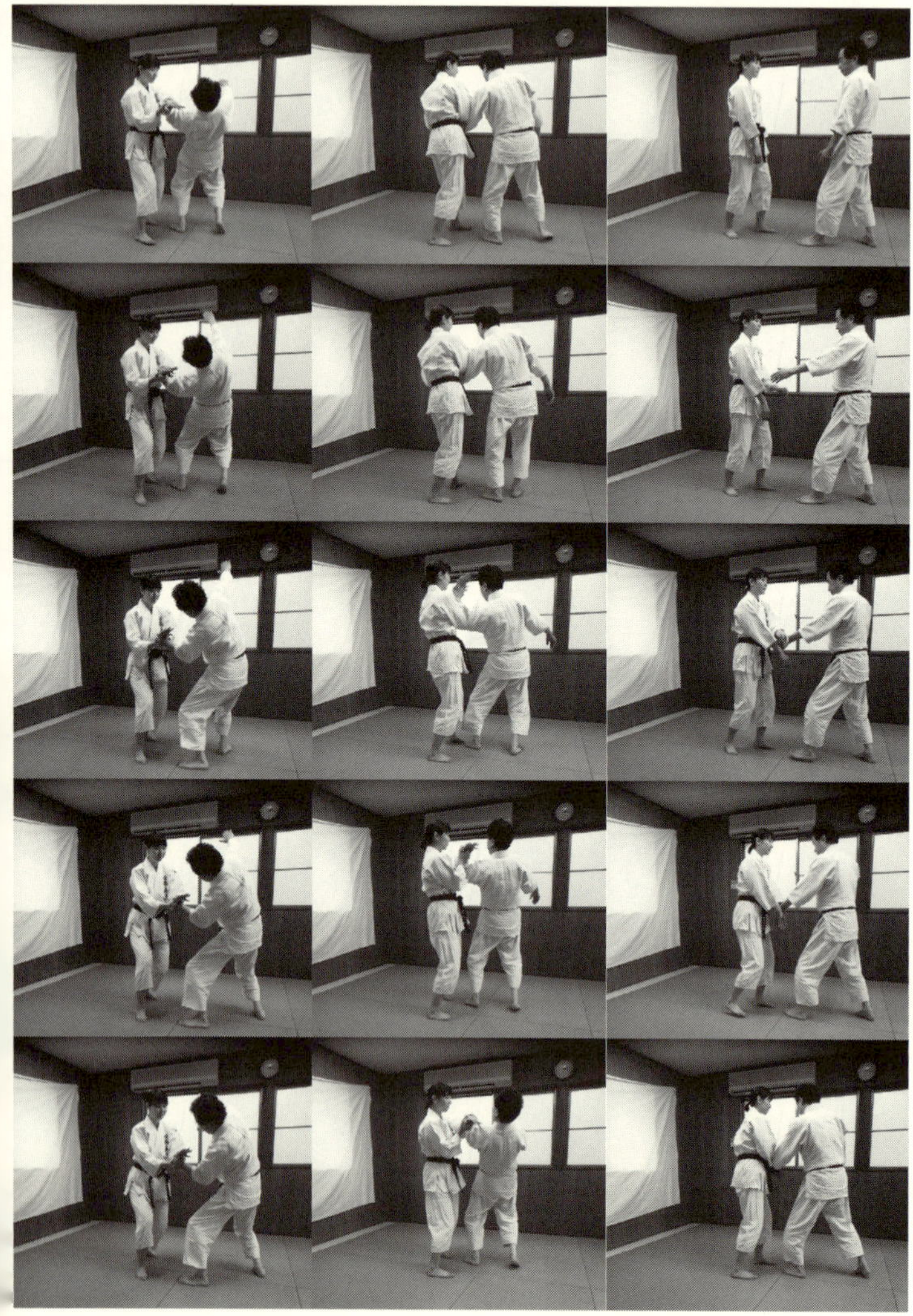

写真33　小手返しを仕掛けるとき、祝詞を発声しなければ合気の効果が誘導されず相手は崩れない

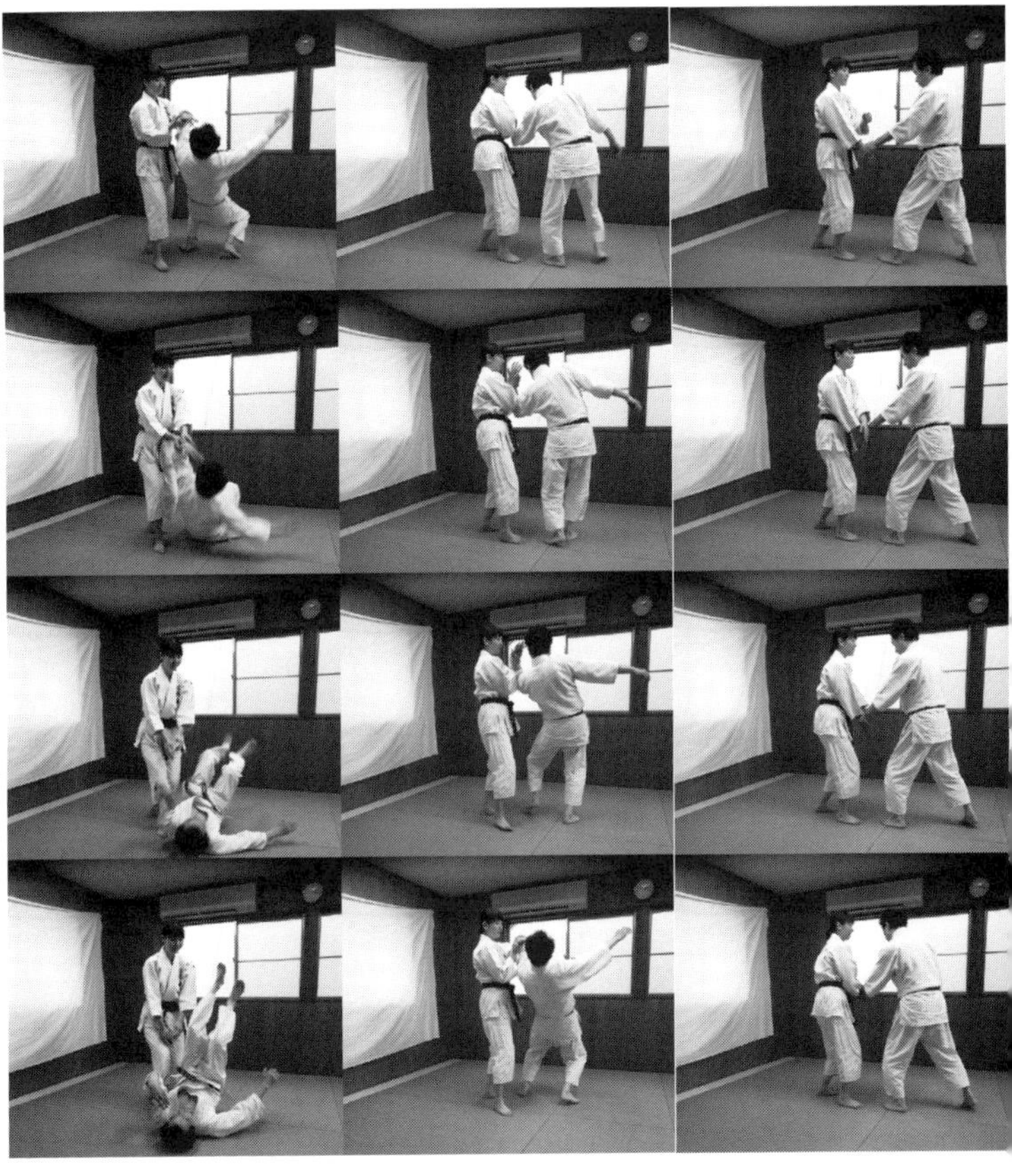

写真34　小手返しを仕掛けるとき、祝詞を発声しながらやれば合気の効果が誘導され、相手は投げ倒されてしまう

写真 35　隅落としを仕掛けるとき、祝詞を発声しなければ合気の効果が誘導されず相手は崩れない

写真36　隅落としを仕掛けるとき、祝詞を発声しながらやれば合気の効果が誘導され、相手は投げ倒されてしまう

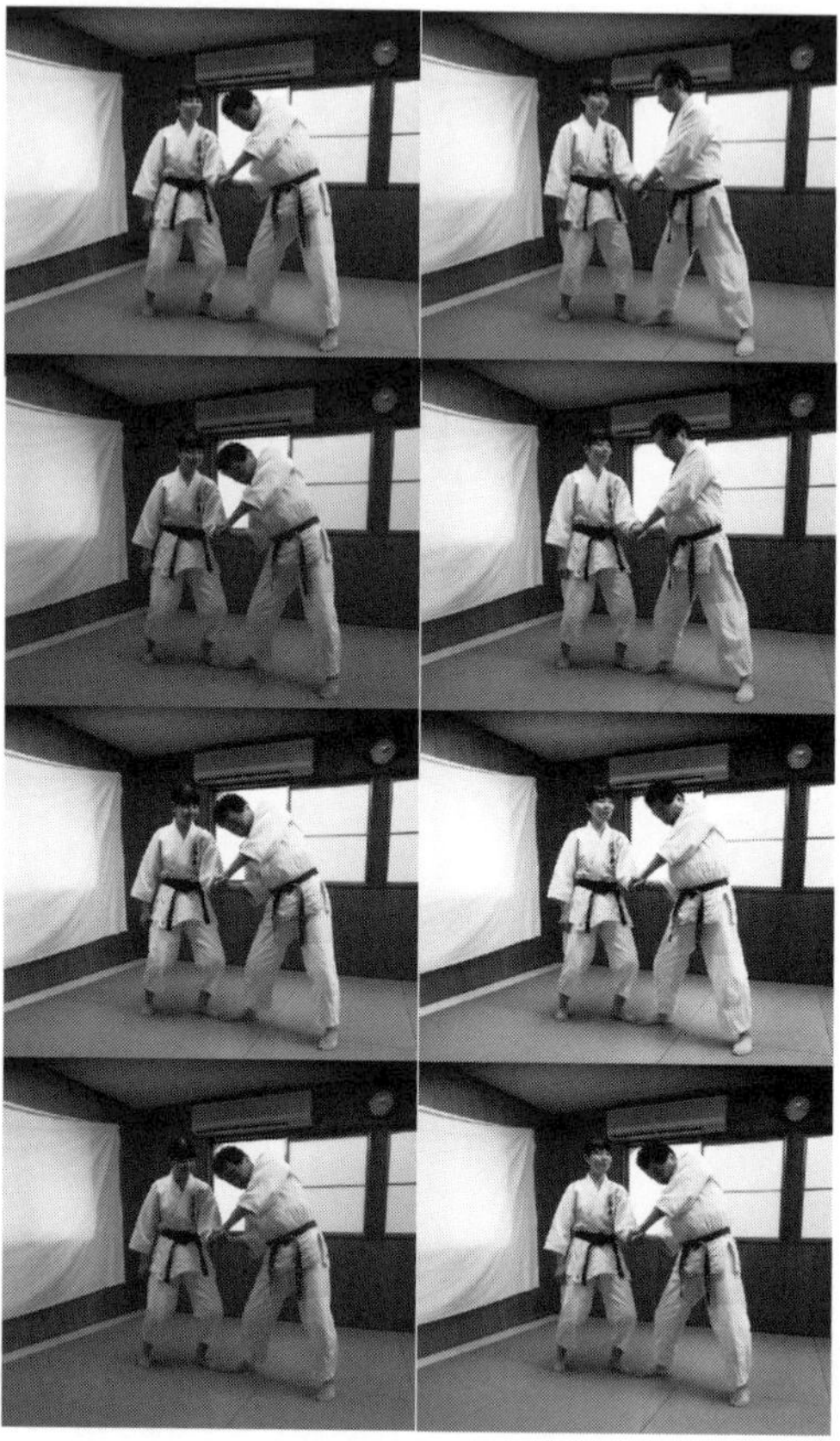

写真 37　呼吸投げを仕掛けるとき、祝詞を発声しなければ合気の効果が誘導されず相手は崩れない

写真38　呼吸投げを仕掛けるとき、祝詞を発声しながらやれば合気の効果が誘導され、相手は投げ倒されてしまう

四　神道の塩

祝詞が神道において重要な意味を持つことは誰の目にも明らかであっても、御神前に捧げる様々な御神具の本来の意味や意義についてはあまり認識されていないように見受けられる。とはいえ、「塩」についてはそれがお清めに使われるということだけは広く知られているが、それは大相撲の立ち会い前に力士が土俵上に何度も塩を撒く場面を目にすることがあるからではないだろうか。それは、日本の国技となっている相撲が元々は御神前に奉納された「手乞《てごい》」と呼ばれる御神事であり、その「手乞」の作法として土俵の上の空間に塩を振り撒くことで神様の御力をいただくということがあったことによる。

残念ながら、現代の大相撲においては完全に形骸化されてしまい、立ち会い前の精神性を高めるための単なるセレモニー的な動作でしかないという理解が普及してしまっている。つまり「塩」を撒くということの本質的な意味が失われたまま、力士自身も単に土俵を塩で清めるという形式的な所作にすぎないとしか考えずに行っている。本来は御神事としての「手乞」だったものが、今ではまったくの競技スポーツ的な色合いに染まってしまったのだ。だからこそ、土俵上に「塩」を撒くことの精神性のみが強調されてしまい、本当はあの世からこの世の存在に作用する働きを引き出せる物理性が潜んでいることは忘れ去られてしまっている。

本来の神道は古神道などと呼ばれるが、そこにおいて「塩」はこの世界の中にあの世からの積極的な関与を呼び込む力を持っている。本来の相撲である「手乞」においては、力士は土俵の上の空間に「塩」を撒くことでそこをあの世の側からの神様の御働きである「神通力」が顕著に現れる「場」に変えることで、腕力ではかなわない相手を投げ倒すことができるようになっていたのだ。即ち、「塩を撒く」ということは「精神性」を高める心理的なものなどではなく、「神通力」をとおして「物理性」を高める形而上学的なものに他ならない。古神道においては例えば海につかるとか滝に打たれるといった禊ぎを実際に行うことはせず、霊的な水の行によって禊ぎを行うという秘儀があるが、それと同様にこの「塩を撒く」という作法も古神道においては実際に塩を撒くことはしないで単に「塩」を撒く動作を本心から行うことで代えることができる。

実際のところ、がっぷり四つに組んだ相撲の取り組みでは体格や体力に勝る相手を投げ倒すことは難しくとも（写真39）、立ち会い直前で「塩を撒く」動作をすることでその相手を簡単に投げ倒すことができる（写真40）。

写真39　がっぷり四つに組んだ状態から投げを打つとき、立ち会い前に土俵上の空間に高々と「塩を撒く」動作をしなければ、合気の効果が誘導されず相手は崩れない

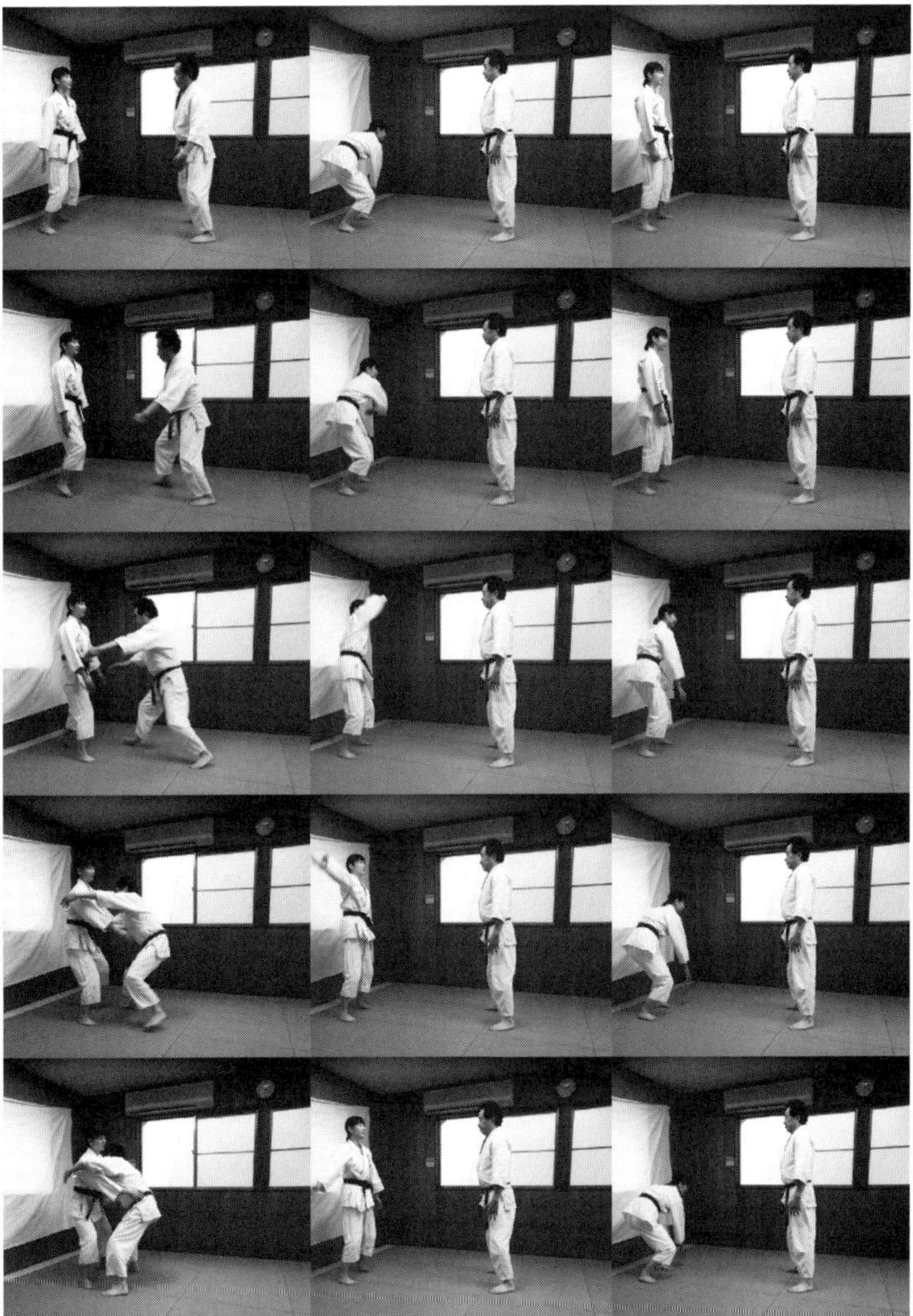

写真 40　がっぷり四つに組んだ状態から投げを打つとき、立ち会い前に土俵上の空間に高々と「塩を撒く」動作をすれば、合気の効果が誘導されて相手は崩れてしまう

写真 41　立ち会い前に土俵上の空間に高々と「塩を撒く」動作をせずにがっぷり四つに組んだ状態から投げを打っても、屈強な相手は崩れない

写真 40　（つづき）

　また、立ち会い前に土俵上の空間に「塩を撒く」動作をせずに屈強な相手とがっぷり四つに組んでしまったならば、そのままでは相手に投げ倒されてしまうことになる（写真41）。ところが、がっぷり四つに組んでしまってからでも、相手の膝の裏に向かって手首だけ軽く動かして「塩を撒く」動作をするならば、相手は下半身と腰の力が入らなくなって簡単に崩れてしまう（写真42）。

写真42　立ち会い前に土俵上の空間に高々と「塩を撒く」動作をせずにがっぷり四つに組んだ状態から投げを打つとき、相手の膝の裏に向かって手首だけ動かして「塩を撒く」動作をしておけば屈強な相手であっても簡単に崩されてしまう

五　神道の弓

龍神は宇宙の神であり、例えば宇宙創世の神として知られる天之御中主神《あめのみなかぬしのかみ》は「天叢雲《あめのむらくも》サムハラ龍王」とも呼ばれ、合気道開祖・植芝盛平翁に降りてきた合気大神とされる。このような龍神を奉る神社でよく見かけるのが「破魔矢《はまや》」と呼ばれる「矢」をかたどった御神具だ。「古事記」の中でも神々が矢を放つ話が少なくないように、「破魔矢」自体だけでなく「弓で矢を射る」という動作もまた神道においては御神前に奉納する重要な作法と位置づけられている。つまり、「弓で矢を射る」という所作もまた、「塩を撒く」という所作と同様に「魔を祓う」御清め事に用いられることになるのは、その名称にある「魔を破る」という意味合いから明らかだろう。特に熊野古道の終点に位置する奈良県の霊峰にある玉置《たまき》神社の「魔除け札」には「破魔矢」と「弓」が大きく描かれているが、一説には弘法大師が札面を描いたといわれている（写真43）。

その日の取り組み終了時に土俵上で行われる「弓取り式」が形骸化されてはいても、大相撲にも残

写真43　玉置神社の「魔除け札」

されているように、御神前に奉納されていた「手乞」においては「塩を撒く」ことと同じく「弓で矢を射る」ことが神通力を呼び起こす神道作法として用いられていた。この事実を確認するためには、例えば互いに正座して向かい合った二人が左腕で腕相撲を取ってみればよい。両人ともに正座で踏ん張りながら力任せにやるため、体格がよくて筋力の強い側が相手の身体を横に倒して勝つのだが、両者の体力が似たり寄ったりの場合には拮抗して勝負がつかないのが普通だ（写真44）。

ところが、このような「座り腕相撲」において相手と腕を組む直前に一方の側の人が（実際には弓も矢も持たず）左手で「弓」を構え、右手の指で矢尻を挟みながら弓を力強く引ききった後に勢いよく「矢」を射る仕草をしてみるならば、状況は大きく変わってくる。何故なら、あれほどまでに拮抗して勝負がつかなかった相手が、いとも簡単に一瞬で真横に倒れてしまうからだ（写真45）。同じ現象は正座ではなく互いに両足を踏ん張る形で立って行う「立ち腕相撲」においても顕著に現れる。相手が左腕を使ってこちらの左腕一本を握ってくる場合において（写真46）、相手と腕を組む直前に「弓で矢を射る」動作を真似た仕草を真剣に行うことで、簡単に相手を倒してしまうことができるのだ（写真47）。

写真 44　正座して行う「座り腕相撲」では体力と筋力において勝る者が勝つことになるが、同じ程度の相手とでは互いの力が拮抗して勝負がつかない

写真45　力が拮抗して勝負がつかない「座り腕相撲」であっても、直前に「弓で矢を射る」動作を真剣に行えば相手は一瞬で倒れてしまう

写真 45　（つづき）

これらの事実から、「弓で矢を射る」という仕草を本当に心の底から真剣に行うならば、眼前の空間がまさに「神通力」が現実に発揮される「場」となることが示される。ただし、心を込めずに、あるいはそれが単に精神性を高めるための所作にすぎないなどという理解で「弓で矢を射る」動作をしたところで、とうてい「神通力」は使えないことはいうまでもない。

写真46　立って行う「立ち腕相撲」では勝つことは難しい

写真47　相手が左手でこちらの左手を握る「立ち腕相撲」であっても、直前に「弓で矢を射る」動作を真剣に行えば相手は一瞬で倒れてしまう

写真 47 （つづき）

六　神道の刀

神道において、特に「天叢雲《あめのむらくも》」と呼ばれる「草薙之剣」が皇祖の「三種之神器」の一つに入っていることからも明らかなように、「刀」あるいは「剣」さらには「鉾」といった「刀剣」もまた御神前に奉る御神具となっている。山陰《やまかげ》神道などでは神官が「剣舞」のように「太刀」を振りかざして祓う神拝作法があるが、実際に「刀」や「剣」を振ることはしなくとも二本指や扇子を「刀」に見立てる動きは神道での御神事では珍しいものではない。懐に「御護り刀」としての飾り付けられた「短刀」を忍ばせる風習は廃れてきているとはいえ、現代においても正装和服を着たときの気持ちを引き締める小道具として位置づけられてはいる。だが、あくまで単に精神性を高める程度のものとしか理解されてはおらず、「御護り刀」に対しても既出の「塩」や「弓矢」と同じく形式的なものと考えられていることは否めない。

しかしながら、「塩を巻く」ことで土俵上の空間が変容して「神通力」を使うことができる「場」となり、また「弓で矢を射る」所作によっても眼前の空間で「神通力」が具現化する如く、実際に「刀剣」を振ったり、「御護り刀」を持ったり、あるいは実際には持たずともあたかもそれを持って操作するかのような仕草を本気で行うならば、やはり周囲の空間において「神通力」を呼び起こすことができるようになる。その事実を確かめるために、こちらの右腕を相手が上段に構えた両腕でがっしりと捕えているとき、そのまま相手の両腕から肩の方向に相手の身体を押しつぶすような動きで崩すことを

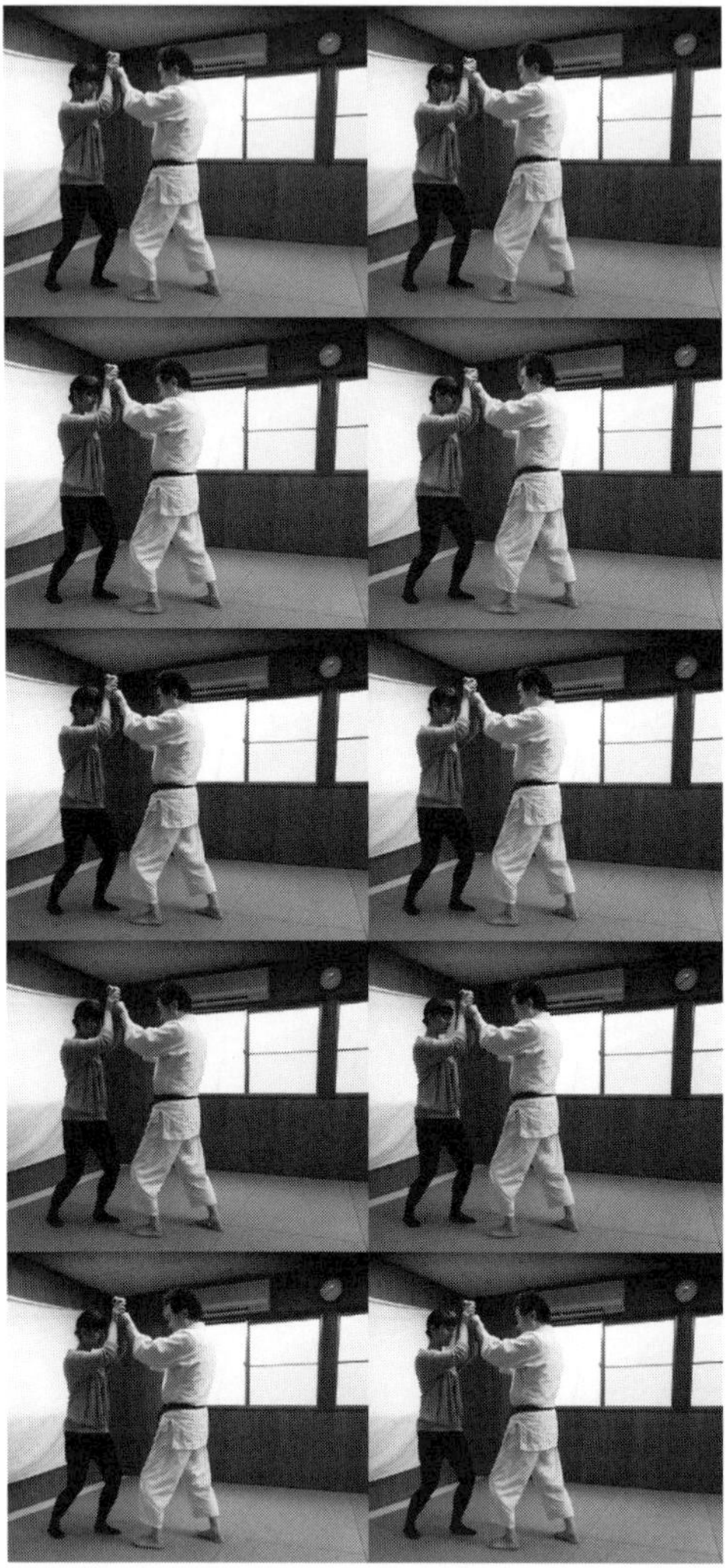

写真48　相手が両腕で上段の位置にこちらの右腕をつかんでいるとき、相手の両腕から足下に向かって右腕を振り下ろして崩すのは力学的に見て難しい

試してみよう。相手が体格や体力で劣っている場合であっても、相手の身体が足から頭に至るまで一本のつっかい棒のようになっているため、相手を押しつぶす方向に崩すことは不可能に近い（写真48）。

ところが、相手が両腕で上段の位置にこちらの右腕をしっかりとつかんでいるときであっても、右腕に鞘に収めた「小刀」を持っているつもりになれば状況は一変する。つまり、その鞘を数センチだけずらすことで小刀の刃を数センチだけ見せ、その後にカチンと鞘に収め直す仕草をしさえすれば、相手の両腕から足下に向かって右腕を振り下ろして崩すことができるようになるのだ（写真49）。これが古来から伝えられる「鉾を収める」という言葉の御神意であり、それは「刀」や「剣」あるいは「鉾」といった「刀剣」はそれを「鞘に収める」ことで、その周囲の空間を「神通力」が具現化できる「場」に変容させてしまうということだった。

江戸時代末期の剣豪・千葉周作の剣術流派「北辰一刀流」は「北斗七星信仰」によって生まれたとされるが、その秘伝は陰陽師が使っていた「七方の魔除け祓い」に源を発するともいわれているようだ。それは鞘から抜ききった刀を七方向に振り下ろすのではなく、七つの方角に向かっていったん鞘の止めから浮かせた刀を再び鞘にカチンと収める動作をするものであり、陰陽師だけでなく古神道の所作としても密かに伝えられていると思われる。

写真 49　相手が両腕で上段の位置にこちらの右腕をつかんでいるとき、右腕に鞘に収めた「小刀」を持っているつもりになり、その鞘を数センチだけずらして小刀の刃を数センチだけ見せてからカチンと鞘に収め直す仕草をした直後であれば、簡単に相手の両腕から足下に向かって右腕を振り下ろして崩すことができる

七　神道の鏡

皇祖神道における「三種之神器」は「勾玉《まがたま》」と「剣」そして「鏡」であり、特に「鏡」はどの神社の本殿においても秘奥に奉られている最も重要な御神具となっている。また、古今東西を問わず「鏡」というものが真実を映し出す魔力を持っている特別な存在と考えられてきたことは、各地に残る神話や伝説の内容から明らかだろう。だが、「鏡」というものを実際にどのように用いるならば、例えば前節で見てきた「刀」あるいは「剣」のように「魔を祓う」ことに利用できるのかは、ほとんど知られていないのが事実。呪術の中には「鏡」の中に映った自分自身の顔や目に集中することで、一種の変性意識状態を生み出して通常の意識状態では見ることができないものを察知する技法も残ってはいるようだが、神道に古くから伝えられてきた「鏡」の力はその程度のものではない。実は、「塩」や「弓矢」あるいは「刀剣」の場合は、それらを撒いたり射ったり振ったり収めたりする仕草を真剣に行うことでその場に「神通力」を呼び起こすことができたのだが、「鏡」の場合にはあの世とこの世をつなぐ最も根元的な存在であるため何の仕草も必要としないのだ。

では、如何にすれば「鏡」によって空間を変容させて「神通力」を呼び起こす「場」とすることができるのだろうか？　あまりにも長い間にわたって秘匿され続けてきたため、そしてそれがあまりにも単純で当たり前のことであるため、現在ではその技法は完全に失伝してしまっている。しかしながら、かろうじて陰陽師の家系に口伝で伝承されてきた神拝作法の中に残されていた「手鏡之法」によれば、単に「鏡を見る」だけで人は「神通力」を手にすることができるのだ。

そんなバカな、と思う向きがほとんどだろうが、まずは「論より証拠」。ここは、実際に「鏡を見る」ことで本当に「神通力」を呼び起こすことができるのかを検証してみることにしよう。そのため、総合格闘技でよく用いられる決定的な攻撃技である「マウントポジション」に対する返し技に応用してみることにする。「マウントポジション」では、こちらが仰向けに倒れている状態で相手は上体をまっすぐに起こした腰を軽く浮かし、馬乗りになって首を絞めたり殴りかかってもくる。そのため、こちらがどのように腰や身体を捻っても相手の身体にはまったく力を及ぼせないため、逆に相手を投げ倒す返し技である「マウント返し」は限定的なものしか考案されてはいない。完璧な「マウントポジション」に対する「マウント返し」は存在しないとまでいわれてきているのだ（写真50）。従って、「鏡を見る」だけのことで「マウント返し」が可能となるなら、確かにある種の「神通力」が働いたとしか考えられないことになる。ただし、ここで注意すべきは「神通力」を呼び起こすために「鏡を見る」とき、現代の日常でそうすることが普通になってしまっているように「鏡に映されたものを見る」のではその効力はまったく期待できないということだ。「鏡に映ったこの世界」をいくら見たところで、それ

写真50　仰向けに倒れているときに相手が腰を浮かせた状態で馬乗りになって殴りかかってくる「マウントポジション」から逃れ、逆に相手を倒すことは非常に難しい

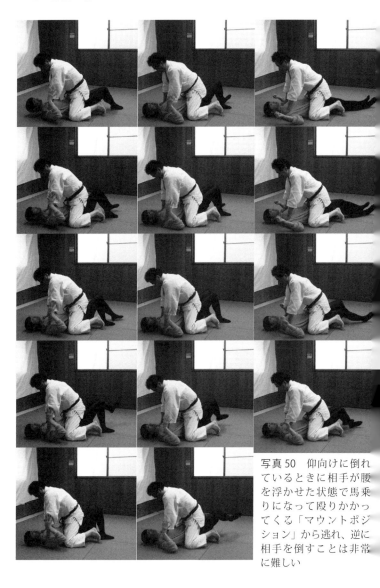

は普通にこの世界の中を見ているのと同じで、所詮空間は何も変容しない。周囲の空間を「神通力」を使うことができる「場」とするためには「鏡自体を見る」ことが肝要となることを忘れてはいけない。そのためには鏡面をピカピカに磨き上げた大きな鏡よりも、小さくて鏡面がくすんでいたり湾曲している鏡を見るのが望ましい。その理由は、映り込んだ映像がはっきりしないために、「鏡自体を見る」ことが容易にできるからだ。神社の拝殿から見える神殿に奉られた「鏡」が小さく、また凸面になっているのは参拝者が「鏡に映ったこの世界」を見るのではなく自然に「鏡自体を見る」ことができ、神社の拝殿において「神通力」を呼び起こすことができるようにするためであることはいうまでもない（写真51）。

写真51　神社の拝殿から見た神殿の鏡

手鏡やコンパクトのような小さな鏡を用意し、あるいは柔道場や体育館の壁にある鏡や時計のガラス面などで代用してもよいが、一瞬でもよいので「鏡自体を見る」ことができたならば、こちらが仰向けに倒れているときに腰をわずかに浮かせて馬乗りになる「マウントポジション」から攻撃してくる相手の身体を簡単に転げ倒すことができる（写真52）。普通では不可能に近いといわれる「マウント返し」を、このように「鏡を見る」ことだけで誰もがすぐにやってみせることができるという事実は、「鏡を見る」ことで周囲の空間を変容させて「神通力」を呼び起こすことができる「場」が生まれていることを明らかに物語っているのではないだろうか。

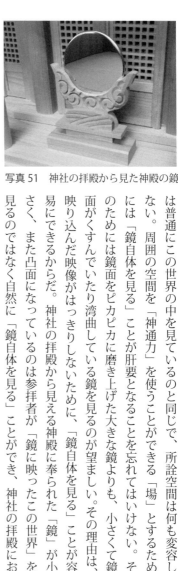

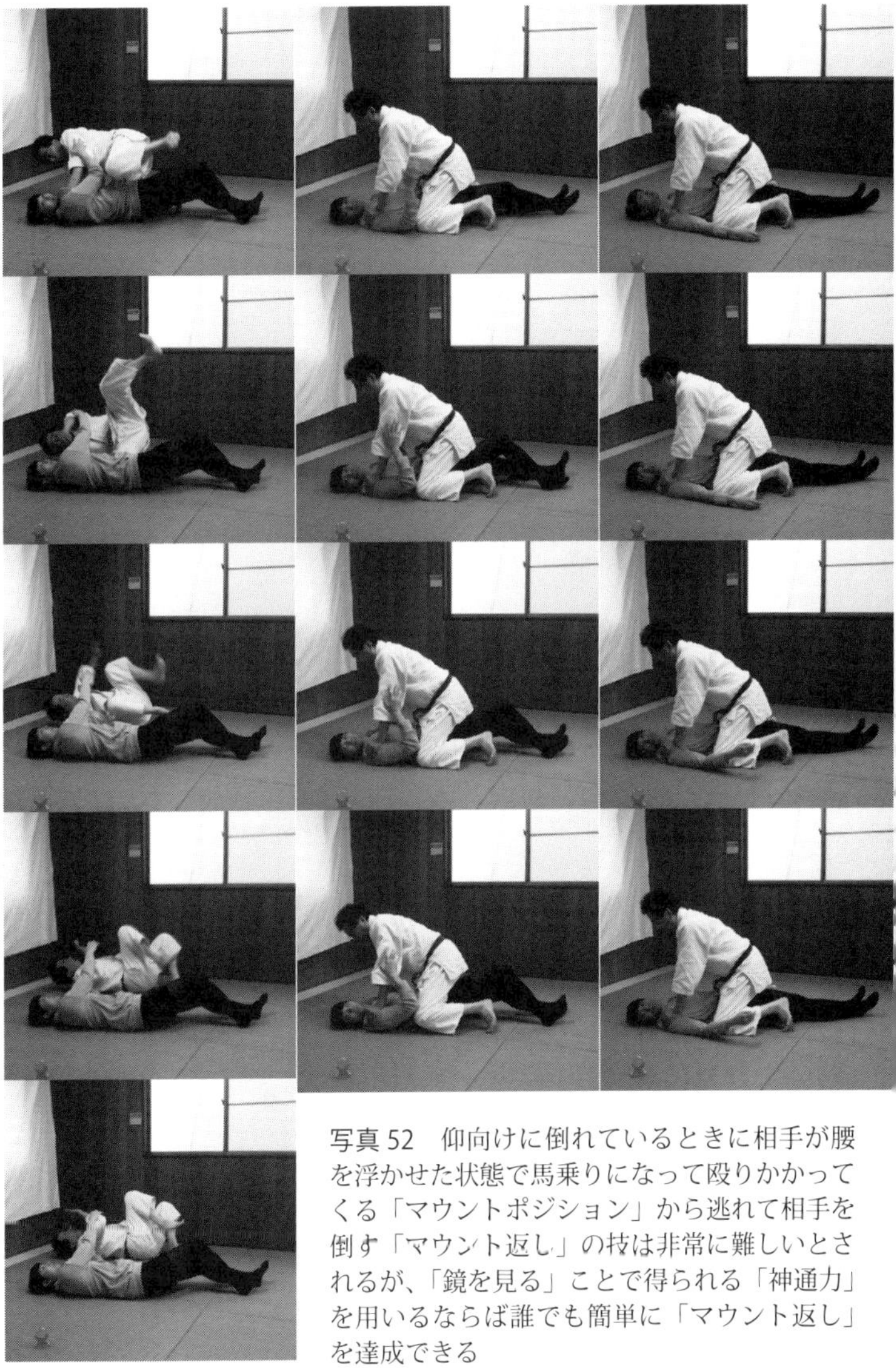

写真52　仰向けに倒れているときに相手が腰を浮かせた状態で馬乗りになって殴りかかってくる「マウントポジション」から逃れて相手を倒す「マウント返し」の技は非常に難しいとされるが、「鏡を見る」ことで得られる「神通力」を用いるならば誰でも簡単に「マウント返し」を達成できる

八　神道の御神酒と水

神社の神殿において三宝に乗せた御神器で神様にお供えするものの中で、日々欠かすことのできないものに「塩」と「米」そして「水」と「御神酒」がある。キリスト教においてもミサにおいてキリストの肉である「パン」とキリストの血である「ワイン」を供物とし、また「聖水」で洗礼を行うことからしても、「酒」と「水」には「聖なる力」が宿っていると考えられてきたようだ。古神道においては「水の祓い」の儀式があり、キリスト教カトリックの除霊者エクソシストが悪魔と対峙するときの武器は十字架と「聖水」となっていることも、古来より「水」が汚れを清めるために聖職者達によって密かに用いられてきた事実を物語っている。さらには、古今東西を問わず互いの命運をかけた戦の前にそれぞれが「酒」で乾杯をすることで神に武運を祈ったということも、「酒」によって何らかの神通力が得られるという太古の英知の現れだったのではないだろうか。

では、「酒」と「水」もまた、既に検証した「塩」と同じく周囲の空間を変容させて「神通力」を呼び起こすことができる「場」とすることができるのだろうか？

ここでは、「塩」の場合に試したように、「酒」あるいは「水」を実際に飲むのではなく単に「酒や水を飲む」仕草をすることで、通常はその実現が難しいと考えられてきた合気道の「諸手捕り合気上げ」で相手を簡単に上げることができるということを確認することにする。この「諸手捕り合気上げ」においては、相手が両手で渾身の力を出してこちらの片手を押さえてきたとき、そのままつかまれた

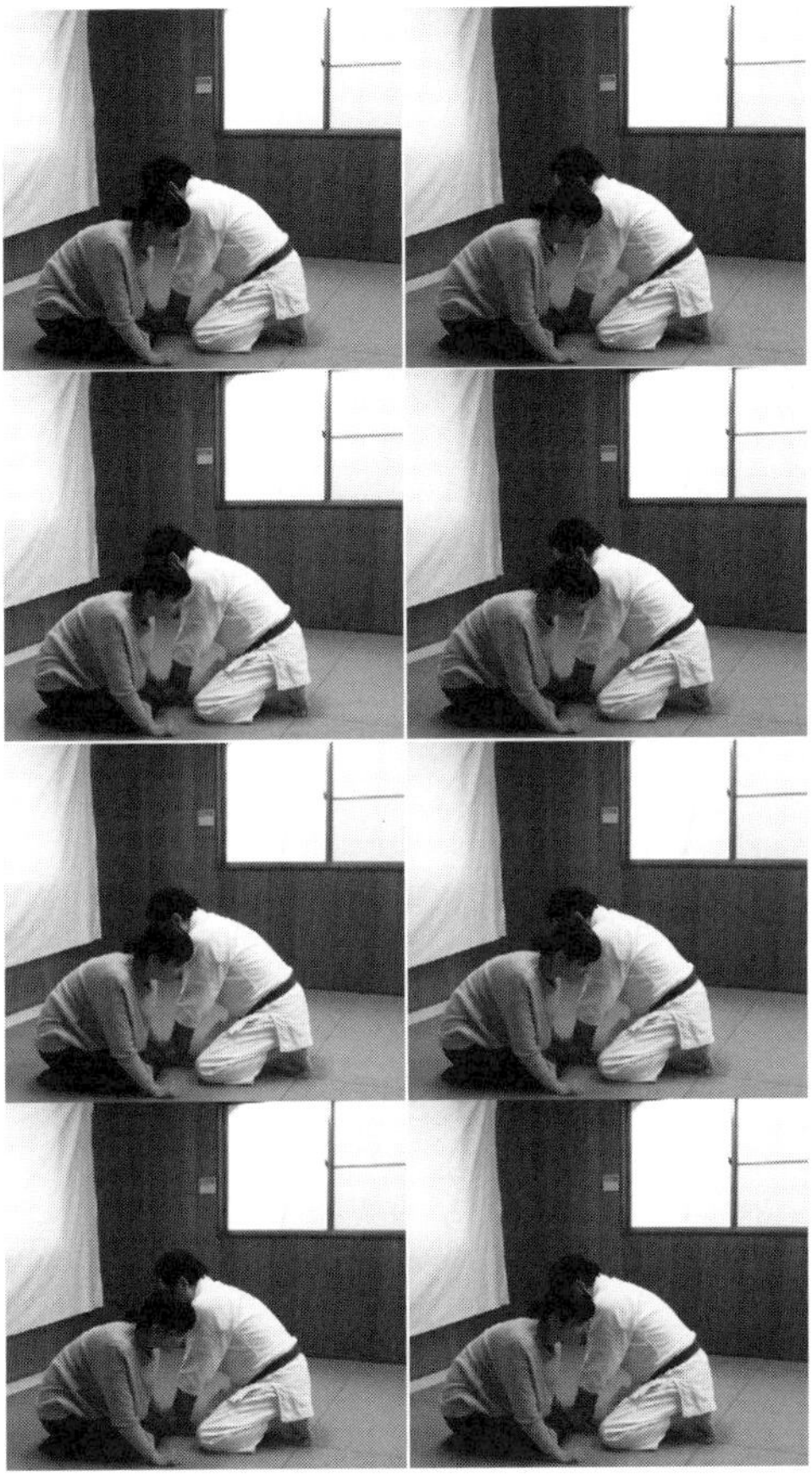

写真53　両手でこちらの片手を力一杯握って押さえてくる相手の身体を上げることは非常に難しい

片手を上げて相手の身体を持ち上げるという動きをするのだが、非力な片手で両手に対抗することができないために普通は相手に抵抗されて手を上げることすらできない（写真53）。

では、「酒」や「水」を飲む仕草をすることで、状況はどのように変わってしまうのだろうか？「酒を飲む」という仕草で試してみるが、「水を飲む」という仕草もまったく同じになることから、これについてはわざわざ別途に試す必要もないだろう。相手が両手でこちらの左腕をつかんで押さえてきたとき、それを腕一本の力技で持ち上げるどころか、腕を動かすことさえできなくなる。ところが、空いている右手を使ってあたかも右手で縁から溢れそうなコップ酒を「オートットット……」と飲む動作を、本当に飲むかのように真剣に行いながら捕まれている左手を上に上げていくならば、不思議なことだが必死で抵抗しているはずの相手の身体が上がっていく（写真54）。

これで、腕力や動きの技術などで工夫しても相手に両手で抵抗されて実現できない「諸手捕り合気上げ」であっても、単に「酒を飲む」仕草をしながら捕まれている片手を上げることで抵抗を続けているはずの相手の身体が上がってしまうということが判明したことになる。ということは、「塩を撒く」という仕草をするときと同様に、「酒を飲む」という仕草を心から真剣にするならばその周囲の空間が「神通力」を呼び起こすことができる「場」に変容すると考えてよいのではないだろうか。そうでなければ、理解できない不可思議千万なことが起きたとしかいえなくなってしまうのだから。

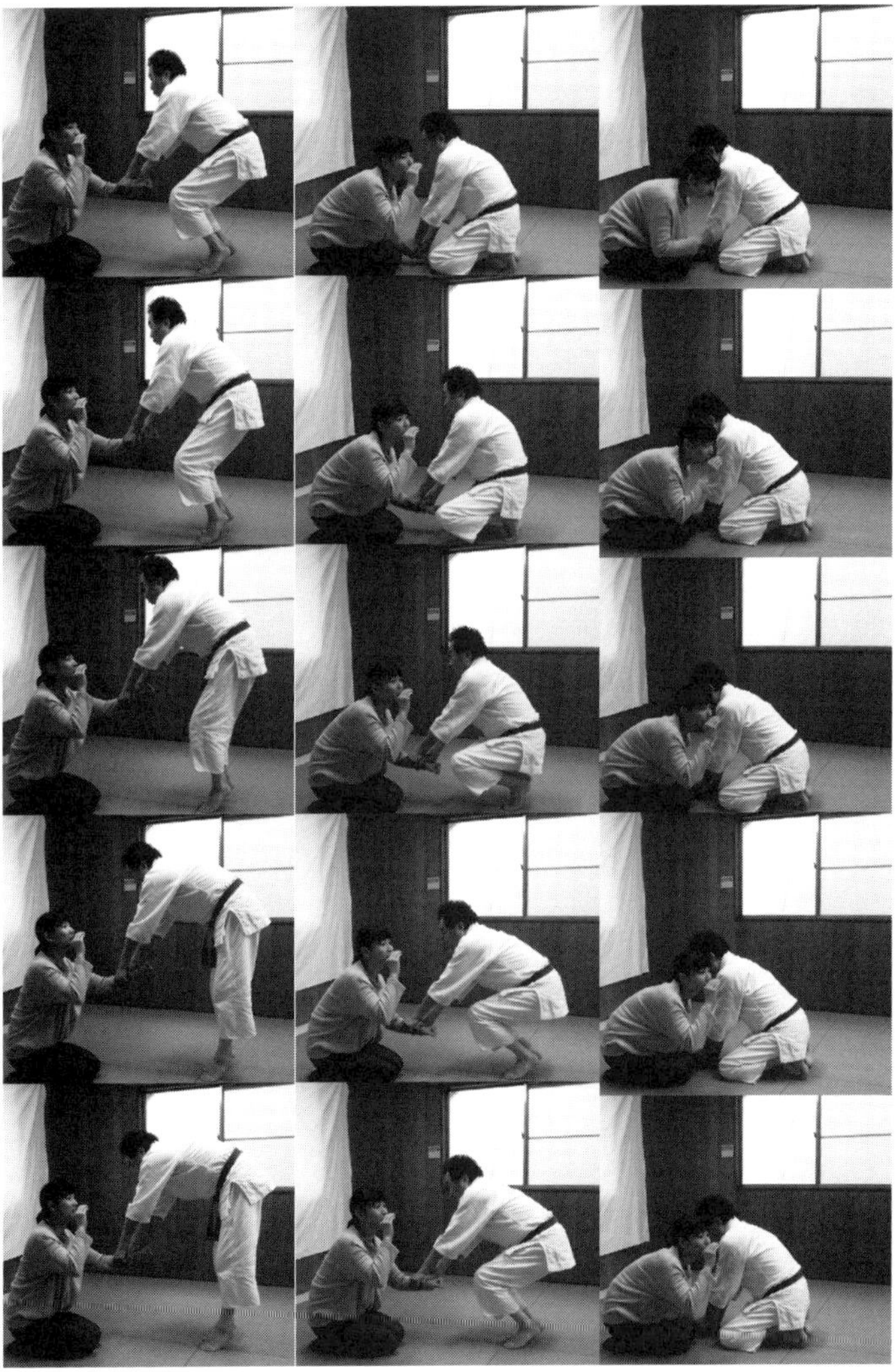

写真54　相手が両手でこちらの片手を力一杯握って押さえてくるとき、空いたほうの手でコップ酒を飲む仕草を真剣に行うならば、簡単に相手の身体を上げることができる

九　陰陽師の呪術

武道や格闘技の世界での究極奥義とされる「合気技法」は、五指に入る達人にしか操ることができないとまでいわれてきた、不可思議千万な崩し技法に他ならない。それが、世界が変わってきたために、今年になってからは誰もが合気によって相手の身体を簡単に崩してしまうことができるようになってしまった。そう、端的にいうならば、この世とあの世の境が以前よりも薄くなってきたために、本来はあの世の霊的な存在にしか効力のなかった神道の所作や作法といったものが、この世の中に直接的に働きかけることができるようになったために、それを用いることで誰もが容易に「合気」の効果を引き出すことができるのだ。前節までにおいては、この事実を実際に確認していただけるように、様々な神道作法によって簡単に「合気技法」を使って普通では考えられないような投げ技や崩しが実現されることを詳しく紹介してきた。

神道における神拝作法や祭祀儀式の伝法は江戸時代まで白川伯王家によって司られてきたが、その後は表面的・形式的な部分のみが「宮内省式部領」に受け継がれたために神道の霊力は急速に衰えていってしまい、太平洋戦争終結後に神社庁の下でさらに形骸化させられてきたことは知る人ぞ知る事実のようだ。それでは本質的な部分はどうなったのかというと、伯家神道の秘奥に位置する神事秘儀の中核部分は平安時代の安倍晴明で有名な陰陽道の呪術と融合していたため、明治維新以降は「陰陽領」と呼ばれる役所において水面下で継承されてはいたが、これもその後の「陰陽領」解体にともなって消滅していくことになる。特に陰陽領において呪術を継承していた「陰陽師」と呼ばれる人々が社会の表舞台から消え、闇の世の中に霧散していったために、霊界に働きかける力を持つ人材の系譜は完全に途絶えてしまったと考えられている。

そのため様々な神道の所作や陰陽師の呪術といったものは、現代においては縄文時代から飛鳥、大和、平安時代に語り継がれていた神話の中での空想の産物以外の何ものでもないという盲信が蔓延しているのも事実。当然ながら、そのような状況では前節までで詳細にお伝えした神道作法が持つ「神通力」を呼び起こす驚くべき働きについて、それがこの世との境が薄くなってきたために表出してきたあの世の側の作用によるものだと知ってなお、その存在を端から否定する向きも決して少なくはないだろう。そこで、武道における究極奥義としての「合気技法」を誘導する神道や陰陽道の所作が、実際に陰陽師の家系において細々とではあっても一子相伝の形で伝承されてきていたという真実を、ここで明らかにしておくのがよいかもしれない。

僕の曾祖父は赤穂藩の「陽明学者」だったというのが、子どもの頃から祖母や親戚に聞かされ続けてきた話であり、保江家というのは和気清麿呂が出た備前岡山藩の和気の名家だとも聞きさながら育った。祖母自身は豊臣秀吉に水責めで滅ぼされた備中高松城の家老職にあった高木家の娘だった気丈な女性で、明治新政府の命を受け、岡山の福岡村の住人を率いて北九州の炭田事業を統括していた祖父に嫁いでいた。そのため、僕の父は今では福岡県と呼ばれるようになった博多の緒方で生まれ育ったという。炭田の監督官を退官した後は曾祖父が江戸時代に育った山口県の田布施で数年間暮らしてから、岡山市内中心部の今の住所に移ったそうだ。そして、この僕は高校を卒業するまでそこで育てられてきた……、「我が保江家の曾祖父は赤穂藩の陽明学者だった」ということを何故か頻繁に語られながら。

実は、これは最近になってやっと判明したことなのだが、僕の祖母や親戚連中が曾祖父のことを「陽明学者」だと語り続けていたのは、曾祖父の職業についての理解が単に陽明学者だという当たらずとも遠からずのものになっていたからだった。そう、曾祖父は赤穂藩の「陽明学者」ではなく、赤穂藩の「陰陽師」だったというのが紛れもない事実であり、それがわかったのは今の兵庫県赤穂市の町名にも残されている曾祖父の名字が、江戸時代の赤穂藩御抱え陰陽師集団の首領の名字だったことがきっかけとなったのだ。

赤穂藩御抱えの陰陽師の数は江戸時代後期には江戸幕府が抱える陰陽師の数を超え、このままでは赤穂藩の陰陽師が朝廷側に味方して京都で討幕運動を起こすのではないかという危惧も生まれてきていたという。そこで、赤穂藩を御取り潰しにし、後ろ盾をなくした陰陽師達を隠密によって惨殺してしまうという目的のために計画されたのが、あの有名な戯曲「忠臣蔵」で描かれた赤穂藩御取り潰しに至る一連の出来事だったのだ。吉良邸への討ち入りの直前に四十七士全員への突入合図として大石内蔵助によって打たれたのが「山鹿流」の陣太鼓とされるが、この「山鹿流」というのは赤穂藩で藩士達が学んでいた陰陽道の流派の名前であり、このことから家老の大石内蔵助もまた陰陽師の素養があったこともわかる。

結局のところ、幕府の思惑どおりに事が運び、歴史的な事実として赤穂藩は御取り潰しとなってしまい、浪人となって江戸市中に潜んでいた四十七士達による有名な討ち入り事件へとつながっていくのだが、世間に知られないところでは赤穂藩の御抱えを解かれた陰陽師達が幕府の隠密によって次々に殺されていたようだ。僕の曾祖父は、備前岡山藩とつながりの深かった家老の大石内蔵助の親戚を頼って、赤穂から備前へと密かに逃げ落ちたという。かくまって下さった備前の殿様からは、陰陽師集団の首領の名前のままではすぐに見つかってしまうので、その頃に既に途絶えていた由緒ある「保江」の名字を頂戴し、和気に領地を与えられたのが「保江家」誕生の秘話ということになる。

そして「保江」の本家を継いだのが祖父と父であり、その父の一人息子として祖母に育てられたのがこの僕に他ならない。どうも陰陽師は一子相伝で受け継がれていたのか、物心つくかつかないかの頃からの我が家での子どもの育て方は一風変わっていた。むろん、幼いときの僕はそれが普通で、どこの家の子どもも同じような育ちだと考えていたのだが、それがまちがいだと初めて気づいたのは小学校に入ってから同級生達が読んできた絵本を見せてもらったときだった。何故なら、同級生の子ども達が読み聞かされていた絵本は、本当に世の中で子ども用の絵本として認められている普通のものばかりだったのだが、祖母が毎晩僕のために読みながら示してくれたものはそんな子ども用の絵本ではまるでなかったからだ。

今でも細部まで図柄を思い出すことができるのだが、どういうわけか僕が目をとおしながら読み聞かされた「絵本」の中身といったら、どれも中国の古代の神話や伝説の物語といったものばかりで、そのすべてにオドロおどろしい妖怪変化や魔物の類が登場して人々を食い殺したり地獄に引きずり込んだりする様がグロテスクに描かれていた。そして、どの物語の途中でも一人の高貴な人物が登場し、鉾や刀剣、さらには炎や水を用いて様々な呪文を唱えることによって、最後には妖怪どもを封じ込めたり消滅させたりしているのも共通だった。呪文を唱える場面では天上に北斗七星が輝くように描かれていたものも多く、今から思えばその呪術を使う高貴な人物がまさに安倍晴明の如き陰陽師として登場していたのではないだろうか。

こうして、小学校に入る前の僕は夕食後に入れられた古い五右衛門風呂から出た後には、毎晩祖母が読み聞かせてくれる「保江家」に代々残されてきた数多くの古い絵草紙や絵巻物を絵本として読み聞かせられながら眠りに落ちていくのが日課になっていた。場合によっては、眠り落ちてから見た夢の中にも絵本にあった魑魅魍魎が僕自身に襲いかかってきて、高貴な人物が使っていたお祓いの動きや呪文を自分でもとっさに見よう見まねでやっていたりもしたのだ。考えてみれば……だが、ひょっとすると幼少期に陰陽師が魔物を退治する妖怪絵巻を絵本として読み聞かされることによって、知らず知らずのうちに陰陽師として身につけておくべき呪術や呪文の数々を一子相伝で受け継がせられていたのではないだろうか。

あの世からこの世の中に影響を及ぼしてくる悪霊や化け物の類に抗するのに、顕在意識に働きかける通常の学習方法で学んだものでは役に立たず、祖母が幼い僕に施したようなやり方で僕の潜在意識に植え付けるやり方で心の奥深いところで学んだものしか役に立たないのかもしれない。そして、この僕はどうもそのような形で陰陽師になるための教育を祖母から授かってしまっていたようなのだ。そんな陰陽師としての潜在意識の働きがあったために、高校三年生のときにテレビのルポルタージュ番組で偶然目にした合気道の開祖・植芝盛平翁の演武に心を奪われ、その後今現在に至るまで半世紀にわたって「合気」の真実を追い求めてきたのではないだろうか。第二部第三節でも触れたように、陰陽師の中に連綿とその法灯が受け継がれている技法の一つが「御式内」と呼ばれる陰陽道の武術であり、それが会津藩の家老だった神官の西郷頼母から武田惣角という武芸者に伝わって生まれたのが「合気道」の源流である「大東流合気武術」だったのだ。僕が「合気」の神髄をきわめる道を歩み続けてきたのも、奥底に眠っていた陰陽師としての血がそうさせてきたのだとすれば、大いに腑に落ちることになる。

安倍晴明のような陰陽師があの世から迫ってくる魔物を祓うときに多用する呪術の一つに「北斗七星」を刻印した「七星剣」によって七重に断じる作法「七方の魔除け祓い」があるが、帯刀が禁じられた明治時代以降には「七星剣」を右手の指で代用する「七方祓い」の技法が一般的となっている。既に見てきた神道における神拝作法が「神通力」を呼び起こす働きがあるという事実と同じく、陰陽師の呪術や呪文もまた「神通力」を呼び起こすことで「合気技法」を誰もが容易に操ることができるということを、最後に「突き倒し」を例に取って示しておこう。

この「突き倒し」の技は「合気技法」を使わなければ実現が難しいとされる秘技の典型であり、両掌を重ねるようにして両腕を胸の前につき出した上体を足を前後に開いた盤石な下半身の上にガッシ

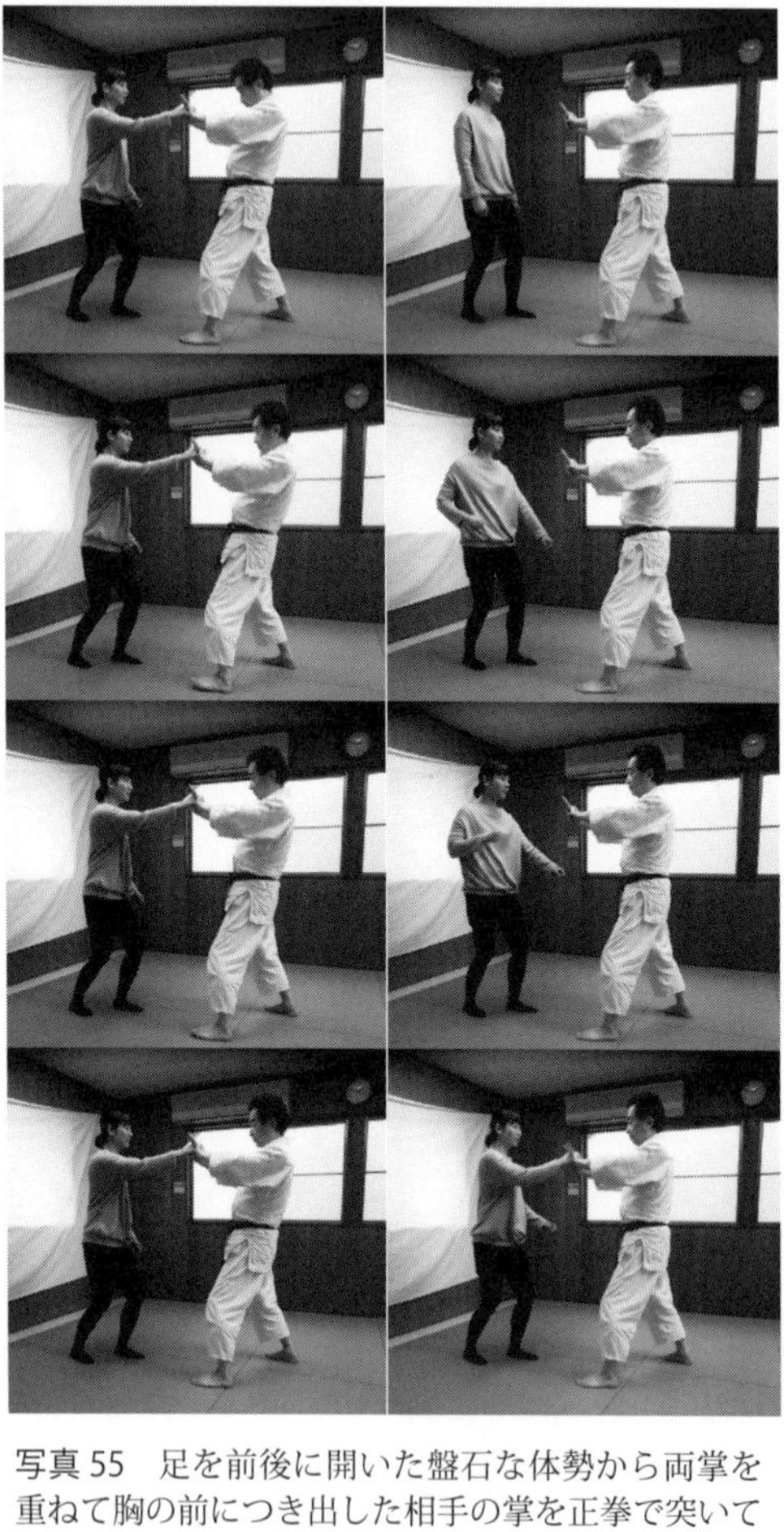

写真55　足を前後に開いた盤石な体勢から両掌を重ねて胸の前につき出した相手の掌を正拳で突いても陰陽師の「七方祓い」の動作をしなければ、合気の効果が誘導されず相手は崩れない

写真 56　足を前後に開いた盤石な体勢から両掌を重ねて胸の前につき出した相手の掌を正拳で突く直前に陰陽師の「七方祓い」の動作をすれば、合気の効果が誘導されて相手は後ろに倒れてしまう

写真 56　つづき

りと踏ん張るように固定した姿勢で構えた相手の掌を正拳で突くことによって、相手の身体を後ろに倒すという離れ業に他ならない。

実際のところ、体格や体力に勝る相手はおろかこちらよりも小さく筋肉量も少ない相手ですら「突き倒し」で後ろに倒すことは難しい（写真55）。ところが、相手の掌を正拳で突く直前に「七星剣」を右手の指で代用する「七方祓い」の動作をすることで、盤石な姿勢で構えていた相手を簡単に後ろに倒すことができる（写真56）。

このことから、神道における神拝作法の仕草をするときと同様に、「七方祓い」という陰陽師の呪術技法によってその周囲の空間が「神通力」を呼び起こすことができる「場」に変容し、「合気」の効果が生まれてくると考えてよいのではないだろうか。

十　聖母マリアの霊統と合気

前節においては僕自身が受け継いでしまった陰陽師の血統についてカミングアウトし、その血によって半世紀にもわたって「合気」と呼ばれる武道の秘奥に向かって歩まされ続けてきたという可能性に、自分で気づくことができた。ただし、いくら「合気」の技法修得に人並み以上の熱意で取り組んではみても、その片鱗すらまったく身につけることができなかった僕が「合気」に開眼することができたのは、「合気道」や「大東流合気武術」の修行によってではなく、キリスト教カトリックに伝わる活人術の秘伝をスペイン人の隠遁修道士エスタニスラウ神父から授かることができたからだった。そこでは、「汝の敵を愛せよ」というキリストの教えをそのまま自分に襲いかかってくる敵に向けることによって、その敵が顕在意識の中では闘争心や殺意を露わにしているにもかかわらず、潜在意識においてそんな攻撃的な動きを自らの力で封じ込めて、あたかもこちらの「合気技法」によって崩されてしまったかのような動きを無意識下で自演してしまうという不思議な現象が起きるのだ。

ところが、この「愛する」ということ自体が特に武道の修行に邁進する日本男児には難関だったようで、ほとんどの弟子が単に「愛する努力をする」だけに終わってしまいキリストの教えを自在に実践できる者は未だに五指に満たない。この点、「汝の敵を愛せよ」というキリスト教における表現が実は「自分を攻撃してくる相手の中の仏性に合掌せよ」という仏教的な意味を持つことを悟った禅の行者笹良風操師によって、より多くの日本男児が「合気」に開眼できる道が示されたことは大変に喜ばしいことではないだろうか（詳細は雑誌『禅』二〇一七年十月二十五日発行第58号43頁～54頁にある論考「相手（敵）の仏性に合掌――脱力系武道と禅――」を参照のこと）。

では、「愛する」という難関をこの僕が何とか突破することができたのは連綿と受け継がれてきた陰陽師の血統のなせる業かというと、そうとは考えにくい。何故なら、本来は最も「愛する」ということを身をもって示してくれたはずの母親というものをまったく知らずに育ったために、僕の心の中には「愛する」ということ自体が完全に欠如していたからだ。それでも「汝の敵を愛せよ」というキリストの教えをこの身で体現することができたのは、実は僕自身がマリア様の血統ならぬ霊統《れいとう》を受け継いでしまっていたからだということを何人かの霊能力に長けた方に教えられたことがある。

確かに、スペイン人の隠遁修道士であるエスタニスラウ神父様からカトリックのモンセラート修道院に密かに伝わっていたキリストの活人術を授かってはいても、それを実際に体現することができたのはその七年後に進行した癌で命を落としかけた僕がイエス・キリストの聖母であるマリア様の愛によって救われてからのことだった。その詳細は拙著『合気開眼――ある隠遁者の教え――』（海鳴社）に詳しいが、その後に授かることができたマリア様による不思議な体験の数々によってこの僕の心の中に「愛する」ことを受け入れる素地が生まれてきたという事実については、特にペンネーム「佐川邦夫」で世に出した『魂のかけら――ある物理学者の神秘体験――』（春風社）の中で明らかにしてある。そのことからしても、僕自身がマリア様の霊統を受け継いでいるという普通なら端から拒絶してしまうトンでもない話であっても、僕が耳を傾けたのは大いにうなずけるはずである。

そんなマリア様の話が最初にもたらされたのは、もう五年以上前のことになるが、岡山県北部の山中にある「サムハラ神社」の奥の院に初めて行った翌日のことだった。このサムハラ神社に奉られているのは造化三神、つまり天叢雲サムハラ龍王で合気道の創始者である植芝盛平翁に降りてきた神様ということになる。盛平翁から直接に手ほどきを得た合気道の山本光輝師範からその事実を教えていただいた僕は、生まれ故郷の岡山に「合気」の神様が奉られていたということに少なからず驚きを覚え、高校を卒業して岡山を出てから追い求め続けてきた「合気」の神髄を、半世紀に及ぶ徒労の果てに岡山のサムハラ神社に探しに行ったのだ。ところが、単に県北の山の中で昔は加茂町と呼ばれていた場所にあるということだけでは、ほとんど県北の地理を知らない僕にとっては五里霧中に等しい。ということで、ちょうど大学合気道部の卒業生で、以前からこの僕の側で巫女役に徹して何かと助けてくれていた若い女性に同行してもらうことにした。県北の生まれだし、高校も県北の歴史ある学校にバイク通学をしていたこともあり、加茂町の地理に詳しかったからだ。

朝から晴れ渡ったその日、彼女の案内で岡山市内から三時間近く車で走った僕は、何とか無事にサムハラ神社奥の院にたどり着くことができた（写真57）。山腹に隠されたかのような小さな御社の前に立った僕は、禊ぎ祓いの祝詞を奏上しながら伯家神道に伝わる秘伝の拍手を打った。その刹那、僕も同行の若い女性も天上に鳴り響く雷鳴を聞いていたため、深々と頭を垂れて祝詞奏上を終えた直後に空を見上げた。すると、どうだ。あれほどに晴れ渡っていた空の下、北西の山々の向こうから黒い雲が湧いてきて、その先端が既にサムハラ神社奥の院の上空に差し掛かってきていたではないか。まるでサムハラ龍王が龍神の姿となって雷を放ちながら迫ってきているように見えたときには、大粒の雨までもが痛いほどの勢いで落ちてきていた。

写真57　サムハラ神社奥の院

近くの草むらに止めてあった車までダッシュしてドアを閉めたタイミングで雨がザーザーと激しい音を立てて降り始め、僕は龍神から逃げるかのように勢いよく車を発進させた。雷雨はサムハラ神社奥の院のある里山の周辺だけに降っていたようで、ものの五分ほど走ったところで雨から解放され、フロントガラスからは全面に晴れ渡った南の空に乾ききった舗装道路が地平線まで続くのが見えていた。これで岡山市内までは天候に恵まれると思った僕は、途中の津山市内中心部の城跡に寄って、まだ満開の千本桜を眺めてから帰ろうと提案した。高校生のときには毎日津山に通っていたという若い卒業生に異論があるわけもなく、僕は車を最寄りの駐車場に入れる。停車位置からフロントガラス越しに青空を背景にした満開の城郭を見上げることができ、二人とも笑顔で歩き出した。

ところが、ところがだ。駐車場を出てほんの一分か二分経つか経たないかのうちに、文字どおり一天にわかにかき曇り大粒の雨が落ち始めてしまう。傘も何も持たずに歩いていた二人は一瞬互いに顔を見合わせ、元来た方向へダッシュする。駐車場にあった車に飛び込んだタイミングを選んだかのように激しく降り始めた雨は予想外に長く続き、「こりゃー通り雨ではなさそうだし、ここまで降ったら桜の花もかなり散ってしまう上に足下もドロンコ状態のはず……もうあきらめて岡山に向かおう」と提案してエンジンを始動した。ワイパーを高速で回しながら岡山市内へと向かう国道を南下していったのだが、津山市街地を抜けた頃には急に雨が消え前方の空は晴れ渡っていたし、道路も乾燥していた。バックミラーで後方をチェックすると、津山市中心部上空には真っ黒い雲が漂ったままだったため思わず「サムハラ神社奥の院で現れたサムハラ龍王が津山まで僕らを追いかけてきたのかなー」などと軽口をたたいていた。

そのまま小一時間走ったところでトイレ休憩を兼ねて国道脇にあったログハウスのカフェに入ったときには、見渡す限りの晴天が広がる中にまぶしい西日が射していた。陽射しを避けて奥の席に着いた二人はウィンナーコーヒーと洒落込み、初めてのサムハラ神社探訪を無事に終えた安堵感に浸っていたのだが、そのときサムハラ神社奥の院で湧いてきた黒雲がカフェの近くにまで迫りつつあったことなど知るよしもない。三十分ほどの休憩を終えてカフェを出たとき、北の空には既にドス黒い雲が低く垂れ込み三度大粒の雨を落とし始めていた。サムハラ龍王が追いついてきたと直感した僕は急発進させた車を一路岡山市内へと猛スピードで南下させていく。緊迫した車内では「天気は西から東へと流れていくはずなのに、あの雷雲はサムハラ神社奥の院からずっと南西の方向に移動してきている。まるで僕等を追いかけてきているみたいに！」という僕の言葉に後ろを振り向いた卒業生が甲高い声を上げる。

「先生、私達、サムハラ龍王を怒らせてしまったのかもしれませんよ」

サムハラ神社奥の院では何も神様の御怒りに触れるようなことはしていなかったはずだったのだが、ともかくすぐ後ろまで迫っているこの不思議な雷雲から逃げることに集中した僕は、岡山市内へとかなりのスピードで真剣にハンドルを握っていった。その甲斐あってか、晴れ渡った夕暮れの夜空に宵の明星が輝く頃には自宅の駐車場に車を置き、朝からサムハラ神社奥の院の探検ガイドをしてくれたお礼に夕食をごちそうするため、卒業生と二人で駅近くの店へ自転車で向かうことができた。ワイングラスを傾けながら、サムハラ龍王とおぼしき黒雲に追い回された一日を振り返っていたとき、不意に夕暮れの静寂を破って雷鳴が鳴り響いたかと思うと窓の外には突然に降り始めた雨に走りだす通行人の姿が見え隠れする。テーブルを挟んだ二人は目を見張ると同時にお互いの顔を覗き込むかのようにしてそれぞれの心の中で恐れていた事態の到来を伝え合っていた。

「あーっ、追いつかれてしまった！」

そう、ついにサムハラ龍王が降臨してきた瞬間、卒業生の言動が常日頃からは考えられないようなものに変わり、いぶかしがる店員の視線を背中に感じながら僕は降りしきる雨の中に彼女を連れ出していった。歩道に置いた二台の自転車は運よくバス停の屋根の下にあったにもかかわらず、二人は雨に濡れる歩道の上で呆然と立ち尽くすのみ。ふと我に返った頃には雨も小降りになり、いったい何故にこんなところで濡れるにまかせていたのかと自問するも答えなど出てくるわけもない。あのまま店の中にいさえすればこんなにずぶ濡れになることもなかったのに、よりによってどうしてわざわざ外に出てきてしまったのだろうか？　まるで、サムハラ龍王に憑かれてしまったかのように！

そんな不可思議千万な経験をした翌日のことだったのだ、この僕を突然マリア様からの使者が訪れてきたのは。わざわざ宮崎県から車を運転してきたというご主人が後ろに控える中で、その女性は絶対に誰もが信じないような内容の伝言を、しかもご本人ですら当惑している雰囲気で僕に伝えてくれたのだ。何故ならご自分はキリスト教が好きではないのに、どういうわけか聖母マリアだという声が家事の真っ最中に頭に響いてきたからだという。当然ながらまったく信じていない僕の表情を読み取ったのか、最後にあっと言わせるようなことを付け加えてきた。昨日の今頃は龍にしつこく追いかけられていたでしょう、と！

えっ、岡山県北のサムハラ神社奥の院で祝詞を奏上させていただいたときに湧き出てきた雷雲がその後岡山市内に戻るまで北から南西の方向に移動してきたという、西から東に移動するという気象上の常識から大きく逸脱した昨日の現象はやはりサムハラ龍王を怒らせてしまったからなのか⁉　初対面の女性が発した言葉で、僕は前日に卒業生と体験した雷雨からの逃避行が神がかった現象だったのだと確信し、逆にそれによって目の前で僕に語ってくれたマリア様からのトンでもない伝言が急に真実性を帯びてきた。そう、その瞬間に聖母マリアの言葉を僕は信じてしまったのだが、その内容はといえば次のようなものだった。

マリア様には五人の子どもがいて、長男が救世主キリストとなるイエス、次男はイエスの双子の弟でイスキリと呼ばれていた。この二人はマリア様のお腹を痛めた子ではなく、従ってマリア様の本当の子どもは三男のヤコブからだという。ヤコブの下には長女にあたる女の子と四男の男の子がいて、それぞれの名前も聞いたのだが三男ヤコブについての話が衝撃的だったために僕の頭の中からは消し跳んでしまった。イエスがゴルゴタの丘で十字架に磔《はりつけ》になった後、弟のイスキリが東方に逃げたために三男のヤコブまでもがローマの施政官に危険分子だと疑われてしまい、イエスと同様に磔の刑になってしまう。自分自身の子どものヤコブが神の道を説いていたイエスと同様に官憲によって殺されてしまったことを心から嘆き、また彼の人生で果たすはずだった重大な役目も果たせずに若くして散っていったことが残念でならなかったマリア様は、二千年の月日が過ぎゆくのを待ってから現代に生きていた一人の人物が死のうとしていたときに霊界から祈りの力を発揮されたそうだ。そう、その人生を終えた人物の身体に我が子ヤコブの命を吹き込むことで、この現代でヤコブが果たせなかった使命を成し遂げる機会をお与えになったのだ。

そして、家の掃除をしていた忙しいタイミングに突如として聞こえてきた聖母マリアの声は、その宮崎の主婦にこう言い残して消えていったという。ヤコブの魂を宿すことでその生命を長らえることができた「ヤスエクニオ」という人物を捜し出し、我が子ヤコブの命を生きているのだということを知らせてくれ、と。そう、保江邦夫としての人生五十年間を終えようとしていた緊急手術でバイタルが消失してしまってからの二分半、地獄の入り口をさまよっていた僕がマリア様に祈ったのは偶然ではなかったのだ。そのとき現れた聖霊の白い鳩こそが、三男ヤコブの魂だったのではないだろうか。蘇生措置によって復活したバイタルは二千年ぶりにこの世に舞い戻ってきたヤコブの確かな鼓動を刻んでいたにちがいない。

宮崎から来てくれた女性が教えてくれた聖母マリアからの伝言は、五十歳からの僕が歩んでいたのは単に陰陽師の血統を受け継いだ保江邦夫の人生ではなく、実子ヤコブの命の受け皿となって得たマリア様の霊統を受け継いだ新たな人生であり、二千年前にヤコブが果たせなかった使命に向かって邁進しなさいというものだった。そして、そのためにあの世の側である霊界からの強力な援軍が用意されているとも告げられたのだ。

すぐにはこの事実を公表してはならないと最後に強く注意されたため、その後に出版した本の中ではこのとき単に「マリア様の魂が入ってきた」という程度の表現でお茶を濁していた。だが、五年近くの月日が流れるうちに段々とあの世とこの世の境が薄くなってきたように感じる出来事が目白押しとなってしまい、そろそろあのときのマリア様からの伝言の真実を明かさなくてはならないのではないかという思いが心の奥底からこみ上げてくるようになってしまった。ということで今回はその詳細を正確に記すことにしたのだが、いくら正直に本当のことを書いていると強調してみたところで内容が内容だけに大嘘つきのホラ話か、そうでなければ僕の気が狂ったとしか思ってはもらえないのかもしれない。いや、まずはほんの一握りの人達から始めて徐々に理解の輪を広げていくことができればよいので、まったく無駄にはならないはず。まさに、聞ける者は聞け、見える者は見よ、という聖書の言葉そのもの。

では、このマリア様からの伝言をそのまま信じるとして、三男坊のヤコブに再度託された使命とはいったい何だったのか大いに気になるところだろう。それは長兄であるイエスもギザの大ピラミッドの中で参入したという、ハトホルの秘儀を受けて神人一如の生きる証となることだった。二千年前に果たせなかったその使命に向かい、ヤコブが五十歳からの僕の人生を力強く歩んでくれたおかげで、癌からの帰還を遂げた僕は人も驚くほどに精神的にも身体的にも若返ってしまい、導かれるままにギザの大ピラミッドの王の間に入ってハトホルの秘儀に参入することができた。さらにはその後の四年間で熟成した魂が東京の白金にある龍穴の中に「光の十字架」を立てることで、この現代に生まれ変わったヤコブは兄イエス・キリストができなかったことを見事に達成したのだ。

これが聖母マリアの三男ヤコブの魂を受け継いでしまった霊統のなせる業であることは火を見るよりも明らかなのだが、その一部始終を今現在の保江邦夫の視点で眺めてきた元々の保江邦夫にとってはまさに神秘体験と奇跡の連続上映。この世とあの世を隔てる壁がどんどんと薄くなってきたことを僕以上に実感できた人は、世界広しといえども皆無ではないだろうか。

十一　超常現象と素領域理論

僕は理論物理学者だが、「変わり種の」という形容詞が必要だとも考えられているようだ。何故に変わり種だと思われるようになったのかというと、理論物理学専攻で京都の大学院に入ったときに、指導教官や先輩など周囲の猛反対にもめげずたった一人で誰も見向きもしなくなっていた物理学基礎理論の一つを研究し始めたからだった。それは日本人で最初にノーベル賞受賞者となった湯川秀樹博士が一九六〇年代初頭に提唱した「素領域理論」だったのだが、湯川博士のお膝元である京都大学でも既に忘れかけられていたし、教官の中には「そんな馬鹿なことをしていると将来飯を食えなくなるぞ！」とまで言ってのける輩までいたのには驚いてしまった。何故なら、大学院に入りたてとはいえ、僕の目にすら現代物理学の基礎の基礎を与えてくれる基礎理論は素領域理論以外にはないことは明々白々だったのだから。

その昔ドイツの大数学者ベルンハルト・リーマンがゲッチンゲン大学の講師就任講義の中で予想したのは、我々が存在するこの空間の構造について宇宙規模の巨大スケールにおいてはゆがみや歪《ひず》みが出現するし、また原子規模の極小スケールにおいてはもはや空間の連続性が消えてとびとびの離散構造が現れてくるということだった。予想の前者については、その後すぐにスイスのユダヤ系物理学者アルベルト・アインシュタインによって一般相対性理論としてリーマン自身が考案した曲がった空間の幾何学を与えるリーマン幾何学の枠組の中で実を結び、その正しさが示されていた。ならば後者の極小スケールでの予想の正しさも理論物理学者によって明らかとなるだろうと考えていたところ、既に一九六〇年代初頭に湯川秀樹博士によって「素領域理論」という形で提唱されていたことに気づいたのが、ちょうど京都の大学院に進学した頃だった。

リーマンのゲッチンゲン大学での空間構造についての予想のうち、宇宙スケールでの予想はアインシュタインによる一般相対性理論によって正しさが示され、原子スケールでの予想は湯川博士による素領域理論によって正しさが示されたわけだから、この素領域理論というのは一般相対性理論と同じように現代物理学の基礎を与える基礎理論として歓迎されるべきだった。少なくとも、この僕の考えの中では……。しかし、現実はちがった。外国はおろか、国内の物理学界ですら、素領域理論の名前を知っている者はほとんどいなかったし、ましてやそれをまともに研究していこうとする者は「変わり種」呼ばわりされることになったのだ。

こうして自ら選んで変わり種の理論物理学者となる道を歩み始めたのだが、孤軍奮闘していくうちにいったい何故に素領域理論がまったく評価されてこなかったのかを突き止めることができた。それは、空間の超微細構造を素領域と呼ばれる泡の集合体のように考えることで、それまで判明していた現代物理学の根本原理を表す量子論の基礎方程式が自然に導き出されるということが何も示されていなかったからだった。つまり、原子スケールでの素粒子の運動を記述するシュレーディンガー方程式やファインマン・ゲルマン方程式、さらにはディラック方程式などのそれまで単に発見者の直感と類推で見出されていただけの量子論の基礎方程式のいずれかを素領域理論の中で演繹的に導いてみせない限り、理論物理学界の中でその存在価値を認めてもらえないのだ。

京都の大学院に進学した直後にこのことに気づいた僕は、よし、ならばこの俺が湯川秀樹先生になりかわって素領域理論の枠組の中で量子論の基礎方程式を導いてやるぞと意気込んだのだが、周囲の先輩や指導教官からは不評を買ってしまった。駆け出しのお前にそんな大それたことができるわけもないし、よしんばできたとしても誰も見向きもしないとまで言われ、さっさと他の大学院生のようにおとなしく教官の指導を受け入れろと先輩に睨まれ続けたのだ。だが、中込照明君という秀才が同期にいてくれたおかげで、彼にずいぶんと助けられる形ではあったがなんとか初期の目的を果たすことだけはできた。そう、空間の超微細構造として不連続な素領域が無数に連続的に広がっていて（写真58）、物質の最小構成要素である素粒子が素領域から素領域へ

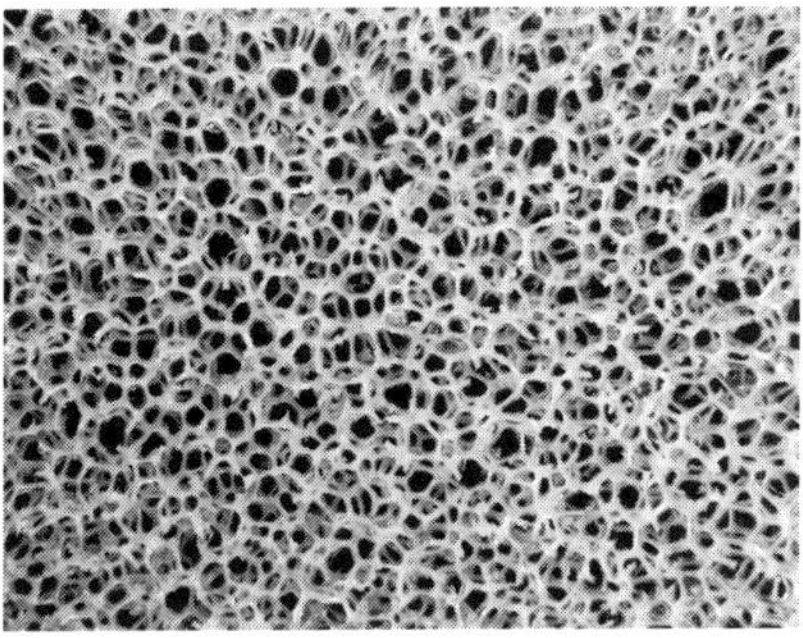

写真58　このスポンジのように無数の素領域の泡構造が連なったものが空間の超微細構造

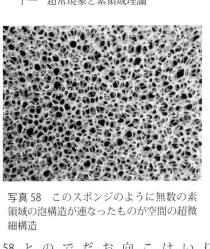

と飛び移っていくことが空間の中を運動していくことに他ならないという事実のみから出発し、そのような素粒子の空間運動が必然的にシュレーディンガー方程式あるいはファインマン・ゲルマン方程式によって記述される確率論的なものとなることを理論的に導くことができたのだ。

これを大学院での修士論文にできたのだが、その後は他の理論に興味が移ってしまったために、二度と素領域理論について思索にふけることもなくなっていた。それが四十年の月日が流れた後に、たまたま京都であった研究会に参加する途中に今出川通りから懐かしい京大北部キャンパスを眺めた瞬間に、あの忘れ去っていたはずの素領域理論が亡くなられる前の湯川秀樹博士の思い出とともに蘇ってきたのだ。まるで、湯川先生が僕にもう一度素領域理論に光を当てるようにと、わざわざあの世からご指導下さったかのように。実際のところ、そのとき以来僕の心に素領域理論のことが浮かばなかった日は一日たりともなかった。

ただ、四十年前のときとはちがって素領域理論を純粋に理論物理学、特に素粒子論の基礎理論として整備するという目的で考察していたわけではない。物理学の適用範囲を、この宇宙の中の森羅万象をこの宇宙の中のみから見ていく理論的枠組のみに限るのではなく、適用限界を超えてこの宇宙自体の成り立ちや宇宙の中の森羅万象をこの宇宙の外側から見ていくという形而上学的なところまで深く入り込んでいけるように、物理学的世界観を大きく広げるという目標に向かって素領域理論の可能性を追求していったのだった。

こうしてわかったのは、この宇宙空間はあの世と目される完全調和の中に稠密に存在する泡の如き

「素領域」の集合であり、宇宙の中の森羅万象を生み出している素粒子はすべて素領域の中にのみ存在するエネルギーに他ならないということだ。そこでは、素粒子が素領域から他の素領域へと転移していく様が素粒子の空間運動であり、それまで現代物理学の範疇においてさえ何もない虚空の中を量子という形態で連続的に運動していると考えるのが限界だった素粒子の空間運動についての視点を、根本的に塗り変える斬新な宇宙観を与えてくれることになる。完全調和の中に生じた無数の泡である素領域の集合体としてこの宇宙の広がりを捉える素領域理論においては、単に素粒子の空間運動を素領域から素領域へのエネルギー転移だと考えることで、それが量子論での基礎方程式で記述されることが導かれるにとどまらない可能性を秘めている。それは、素領域である泡

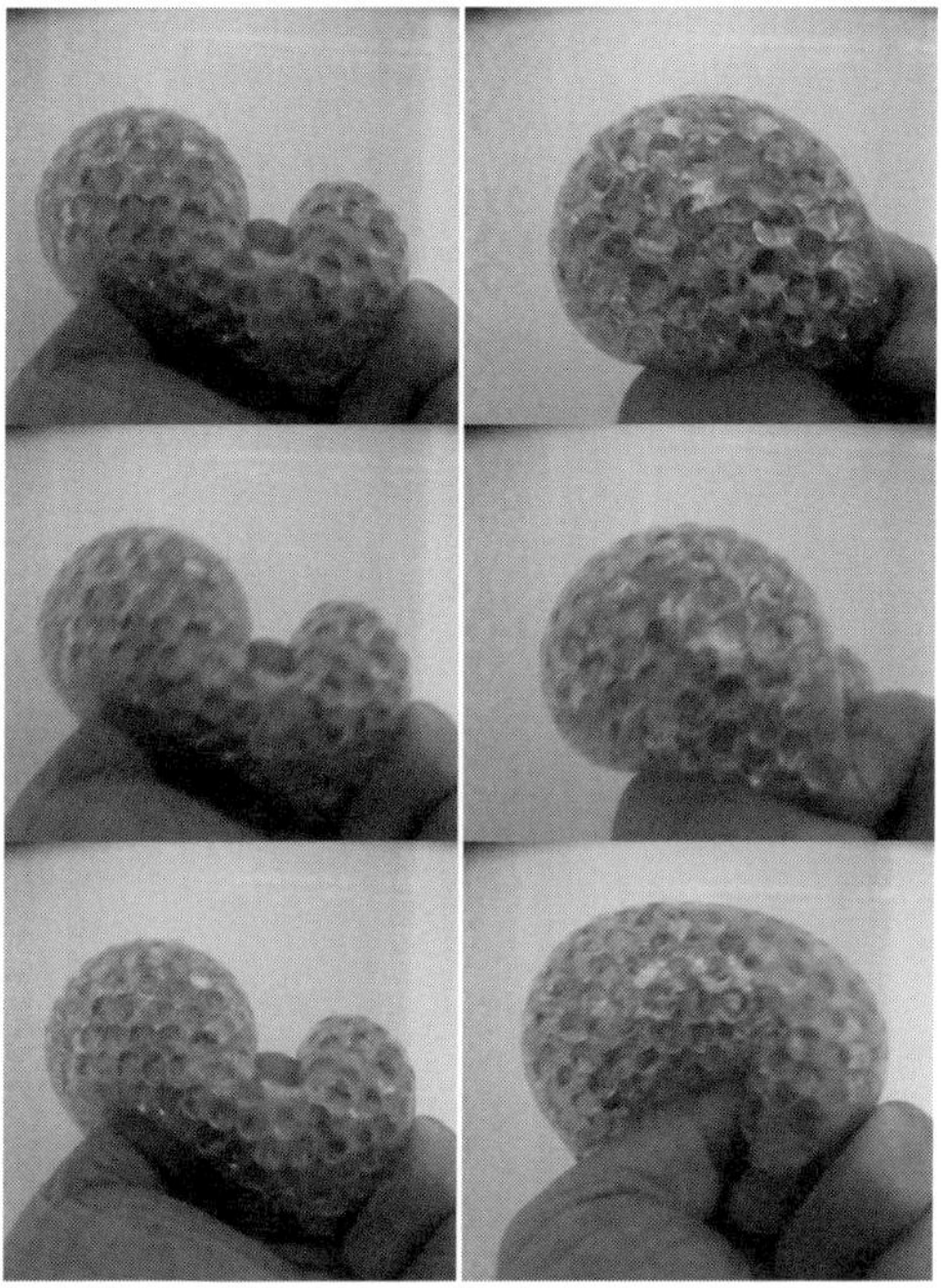

写真 59　素領域を極微の球状の泡と考えれば、その集合体である空間は素領域を包含するあの世の側からの影響も受けるようになる

の周囲をすべての泡を網羅するように包み込んでいる完全調和の側からの素領域自体への影響をも大域的に考慮することができるようになるため（写真59）、この世の中だけでは完結しない霊魂や神といった形而上学的なものの関与がある、様々な超常現象にまでも理論物理学の適用限界を広げることができるのではないかということだ。

テレパシーや念力、さらには瞬間移動といったいわゆる超常現象やＵＦＯ（未確認飛行物体）の飛行原理に至るまで、これまでの現代物理学では「あり得ない」として否定し続けてきた多くの問題が、この宇宙における空間の超微細構造が素領域理論で描かれる泡構造になっていると考えることで理論的に解明することができるのだが、ここでは特に「合気」と呼ばれる武道の究極奥義についての作用原理をこの素領域理論の中で解き明かしておくことにするために、まずは素領域理論の中で「霊魂」の存在を位置づけておこう。そして合気の原理について素領域理論の枠組の中で明らかにした後には、ＵＦＯについてその由来や飛行原理さらには操縦方法にまで論考を進めていくところまで第二部「合気現象から見た次元融合の事実」を締めくくることにしたい。

十二　霊魂と人間

素領域理論においては物質ではない、つまりこの世ではなくあの世の存在であるはずの霊魂でさえも、この世の存在である物質とまったく同じ理論的枠組の中で論ずることができる。つまり、物質である身体と物質ではない霊魂が共存している人間存在の本質を、曖昧さなく根本的に解明していくことができるのは素領域理論をおいて他にはない。

この宇宙空間は完全調和の中に、その完全調和が自発的に破れた素領域と呼ばれる極微の泡が無数に集まってできたものだった。ビールにたとえると、ビールの黄色い液体の部分が完全調和であり、その中に生じている細かい泡が素領域、その細かい泡の集合が宇宙空間となる。ビールの液体の部分が互いにひとつながりになっているように、完全調和の部分もひとつながりになっているが、それは宗教において「神」と呼ばれたり、あるいは宗教色を嫌う人々によって「サムシンググレート」とか「普遍意識」などと呼ばれるものと同じ超越した一つの存在と考えてよいし、「天国」や「極楽浄土」と呼ばれるこの世の外側にあるはずの理想郷と考えてもよい。しかしながら、ここではこれまでどおり「あの世」と呼んでおくことにする。

素領域の泡の集まりをその中に包含しているひとつながりの完全調和であるあの世は、その素領域の泡と泡の隙間を埋めている完全調和のつながった一部分に一つのまとまった機能を持たせたものに分けることができるとき、それぞれのひとつながりの一部分を人間の霊魂と位置づける。そしてその霊魂という完全調和のつながった一部分が取り囲む素領域の中にエネルギーとしての素粒子が入り込んでいるとき、その人間の身体がこの宇宙空間であるこの世の中に存在することになる。この意味で昔から言われている「肉体に霊が宿る」というのはまちがっていて、正しくは「霊に肉体が宿る」としなくてはならない。

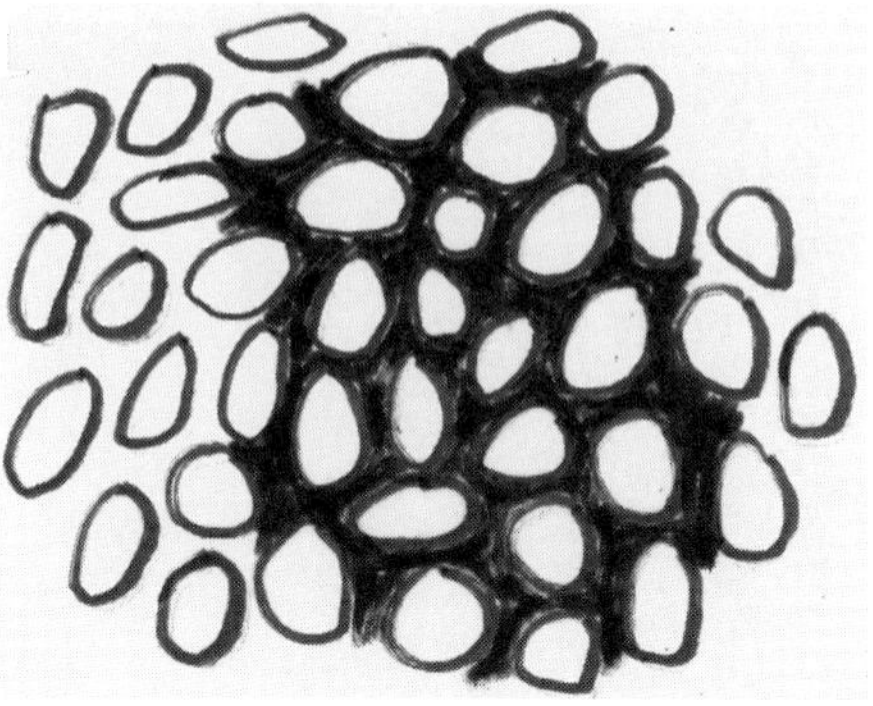

図１　空の素領域を取り囲むあの世の側の完全調和のひとつながりの一部分が霊魂

そうすると、肉体が宿っていない霊というものも存在することになるが、それは霊魂という完全調和のつながった一部分が取り囲む素領域のほとんどが素粒子が入っていない空っぽの泡になっているものと理解できる（図1）。それがたとえば保江邦夫という人間の霊だとすれば、その霊が取り囲んでいる素領域はまだ空の状態のものが多いため、この宇宙の中から見ればそこには何もない空間が広がっているとしか考えられないことになる。つまり、この世を見渡してもどこに

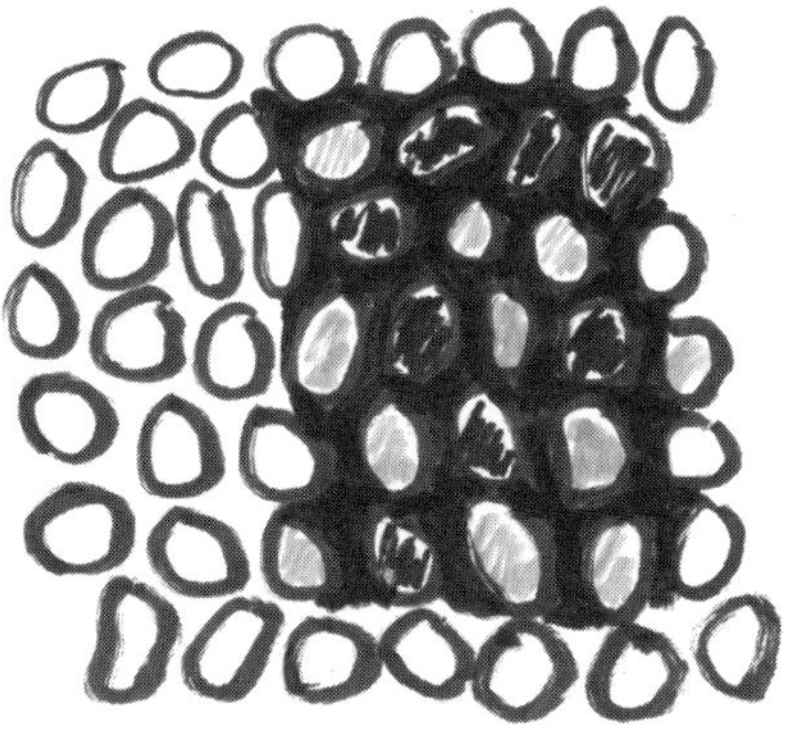

図２　あの世の側の完全調和のひとつながりの一部分としての霊魂がその中に稠密に包含する素領域に所定の素粒子が存在する場合に、この世の中にその霊魂に宿った肉体が存在することになる

も保江邦夫という人間は存在していないことになるのだが、この世のいたるところに接してこの世の宇宙空間を稠密に包含しているあの世の側にはちゃんと保江邦夫の霊という霊魂、つまりあの世そのものである完全調和のひとつながりになった一部分は存在しているのだ。

それでは、どのようにしてこの世の側の宇宙空間の中に保江邦夫という人間の身体が生まれる、つまり保江邦夫の霊に肉体が宿るのだろうか？

霊魂は、完全調和のひとつながりになった一部分だからといって、あの世である完全調和の固定された一部分というわけではない。その一部分というのはいわば変幻自在のもので、一瞬で完全調和の他の一部分にもなれるし完全調和の全体にもなれる。宇宙空間の最小構成要素としてのすべての素領域の周囲を取り囲むようにしてこの世の空間をその中に含んでいる完全調和の中を、無限の速さで縦横に動き回ることができる完全調和の一部分が霊魂なのだ。

一人の人間、たとえば保江邦夫がこの世に生まれるとき、まずは一つの卵細胞が受精して細胞分裂が始まるときにその受精卵が存在する子宮内の空間を作り上げているすべての素領域の周囲を取り囲んでいる完全調和の一部分が保江邦夫の霊魂として、その働きを開始している必要がある。もしその一部分が別の誰かの霊魂として働いているのであれば、その受精卵によって生まれるのは保江邦夫ではなく別の誰かということになってしまう。さらには、もし受精卵が存在する子宮内空間の素領域を包んでいる完全調和の一部が霊魂として働いていないならば、その受精卵の細胞分裂は正しく持続されることができなくなってしまい、一人の人間としての誕生を迎えることはできない。

従って、保江邦夫を含めてこの世に無事誕生した人間はすべて、その身体細胞組織を作り上げているすべての分子・原子の構成要素である素粒子のそれぞれが入り込んでいる空間の素領域をすべて取り囲んでいる完全調和の一部分が霊魂として働いていることになる（図2）。人間存在の基本は霊魂であって、まずはこの世の至るところに密に接しているあの世の側に保江邦夫の霊魂として働く完全調和の一部分が存在しないことには、保江邦夫の身体がこの世の側に生まれることはないのだ。つまり、「肉体に霊魂が宿る」のではなく、「霊魂に肉体が宿る」のが人間の誕生と理解しなくてはならない。

ならば、人間の死というものがどういうものかというと、その人間の身体細胞組織を作り上げているすべての分子・原子の構成要素である素粒子のそれぞれが入り込んでいる空間の素領域をすべて取り囲んでいたはずの完全調和の一部分としての霊魂が、その人間の身体組織がある空間の素領域を取り囲まなくなってしまうことに他ならない。古来より、霊魂が肉体から離れていってしまうと直感されていたとおりのことが起きているわけだ。そうなれば、これまでこの世に生を受けて以来ずっとあの世の側でその人の身体組織が生命組織として正しく機能していくように素領域を正しく制御することで、身体組織を構成するすべての素粒子が有機的に働いていたシステムが根底から崩れ落ちてしまい、生命機能を維持できなくなってしまう。こうして生命を失ってしまった身体組織は時間とともに朽ち果てていってしまうのだが、人間の死というものはそのずっと前、その人の霊魂という完全調和の一部分が身体を構成するすべての素粒子が入っている素領域を取り囲まなくなってしまった、つまり霊魂が肉体から離れてしまったときに訪れていたことになる。

十三　合気の原理

ハリウッドの映画『キング・オブ・キングス』は王の中の王（キング・オブ・キングス）と称せられた、イエス・キリストの生涯を描いた大作として知られる。この他にもイエスの生涯や奇跡を題材にした映画は数多く作られてきたのだが、中でも特にこの『キング・オブ・キングス』が注目されるのはイエスによる愛の力が見事に表現されているシーンがあるからに他ならない。それは、数人の弟子を連れてイエスがある村に入ったときのことで、一人の屈強な悪人が村人達を凶暴に襲っていた。それを見たイエスが暴漢のほうに近づいていくと、暴漢もイエスの姿に気がついて獣のような目つきで敵意をむき出しにして向かっていく。そして、弱々しいやせ細った身体のイエスに襲いかかるようにして、太い両腕で首をつかんで絞め殺そうとするのだ。

新約聖書では、その暴漢に巣くう悪霊に対してこの男から離れるように命じることで、暴漢は急におとなしくなったという表現に終始している。しかし、この映画ではまさにイエスの愛の力が具体的に描かれている。しかも、それはまさにこの僕が広島県の山奥で隠遁生活をなさっていたスペイン人のマリア・ヨパルト・エスタニスラウ神父から伝えていただいていた、イエス・キリストに始まる愛の活人術そのものの姿だった。

殺意を前面に押し出して首を締めてきた暴漢に対し、イエスはまるで大切な赤ん坊を見入るような慈愛のまなざしを向けながら、ゆっくりと寝かしつけるかのようにしていく。すると、仰向けに崩れていく暴漢の表情が段々と穏やかになっていき、最後にはまるで赤ん坊のような笑顔になって倒されてしまうのだ。これこそが「汝の敵を愛せよ」というイエス・キリストの教えそのものであり、自分を殺そうとして襲いかかってくる敵をも愛することで、敵の身体運動制御機能を敵の攻撃意識から切り離して、何故か自分から崩れ落ちていくような動きを無意識にさせてしまうことができる不思議な技法に他ならない。その本質は、愛によって、つまり神である完全調和と共感することによって、こちらの霊魂である完全調和の一部分と相手の霊魂である完全調和の別の一部分を重ね合わせ、相手の霊魂が宿している身体組織をこちらの霊魂によってこちらの意図で動かしてしまうことにある。

イエス・キリストによって始められたこの愛の活人術の体系は、イエス没後もその弟子達によって密かに継承された後、キリスト教がローマ帝国の国教として認められてからはヨーロッパ各地の修道院において修道士達の間で修行されていたという。しかしながら、長い年月の間にその教えもすたれていき、最後にはローマ・カトリック教会ではスペインのモンセラート修道院のみに密かに伝え残されたものと、その他にはロシア正教会がロシア革命で迫害されてからは旧ソビエト陸軍特殊部隊の兵士のみに格闘技として継承されていったものだけになってしまった。モンセラート修道院でキリストの活人術を継いでいた隠遁修道士であるエスタニスラウ神父との広島の山奥での不思議な出会いを得た僕は、教えていただいたキリストの活人術の本質を「愛魂《あいき》」と呼び、神父がモンセラート修道院の険しい裏山で修行していた柔道やレスリングのような技の体系を「冠光寺流柔術」と呼んで十年ほど前から道場で公開してきていた。

数年前のことになるが、旧ソビエト陸軍特殊部隊（スペッツナツ）で格闘技としてキリスト活人術を指導していたミカエル・リャブコ先生とも大阪で交流させていただけたことがある。その昔、エルサレムの地から東（ロシア正教）と西（ローマ・カトリック）に分かれていった活人術がこうしてそれぞれ地球を半周してこの日本で再び一つにつながったというお言葉までいただけたのは特筆に値する。それで確信を得たリャブコ先生は、その後モスクワの道場ではそれまでロシア正教の信者にしか伝えていなかった「敵を愛する」という秘伝を、信者以外の世界中から集まってきている練習生達にも伝えるようになったと聞き及ぶ。

それにしても、旧ソビエト陸軍の特殊部隊といえば世界有数の戦闘部隊であり、その隊員が身につける格闘技がロシア正教に伝えられていたイエス・キリストの活人術に源を発するものだとは、にわかには信じられないかもしれない。だが、モンセラート修道院でキリストの活人術を受け継いでいたエスタニスラウ神父が、スペイン陸軍のレンジャー部隊の若い隊員達に囲まれてからかわれたときにあっという間に全員を投げ倒してしまったという逸話からもわかるように、「汝の敵を愛せよ」というイエス・キリストの教えの力は「愛」というあの世の側の操作によって襲いかかる敵の身体というこの世の中の物質存在を自在に操ってしまう働きを示すのだ。

素領域理論においては、「愛」とはこの世界の至るところで接するように包含している「神」あるいは「あの世」としての完全調和の働きにゆだねることと理解される。つまり、宇宙空間の至るところで接するようにしてこの世界を包含しつつこの宇宙における日月星辰森羅万象をコントロールしている完全調和に自分自身を全託してしまうことが「愛」の定義なのだ。愛というものの本質がそういうところにあるということであれば、格闘技や武道の奥義や秘伝技法の中に愛が用いられていたとしても、さほど不思議なことではない。敵と相対して愛する状態になりさえすれば、この世界の外側から神がすべてを完全調和でコントロールして下さり、簡単に敵を制することができるのだから。

合気道の創始者・植芝盛平翁は「合気は愛じゃ」という有名な言葉を残し、その一番弟子で後に養心館合気道を興した塩田剛三師範は、「合気道の極意は自分を殺しにきた相手と友達になること」だと看破し、弟子達に相手を愛することの重要性を伝えていた。愛するなどというと日本人男性はとくに混乱してしまうのだが、その本質はあくまでこの宇宙における日月星辰森羅万象をコントロールしている完全調和に自分自身を全託してしまうことに他ならない。合気道の前身である大東流合気武術の佐川幸義宗範（師範の長）によれば、「合気」とは次のようなものだと直筆による「合気の書」に書き残されている。

＊

宇宙天地森羅万象のすべては融和調和によって円満に滞りなく動じているのである。その調和

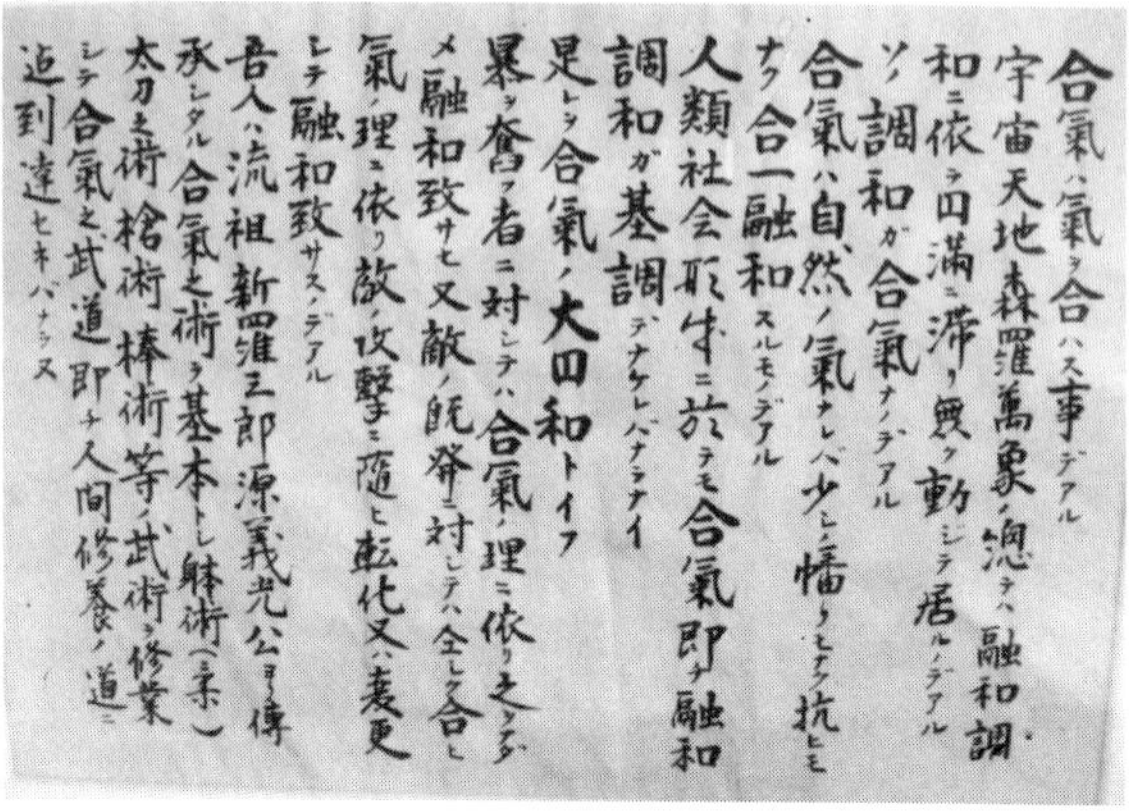
合氣ハ氣ヲ合ハス事デアル
宇宙天地森羅萬象ノ總テハ融和調
和ニ依テ円満ニ滞リ無ク動シテ居ルノデアル
ソノ調和ガ合氣ナノデアル
合氣ハ自然ノ氣ナレバ少シモ悖リモセズ抗ヒモ
ナク合一融和スルモノデアル
人類社会形成ニ於テモ合氣即チ融和
調和ガ基調デナケレバナラナイ
是レヲ合氣ノ大円和トイフ
暴ヲ奮フ者ニ対シテハ合氣ノ理ニ依リ之ヲ
メ融和致サセ又敵ノ既発ニ対シテハ全ク之ト合ヒ
氣ノ理ニ依リ敵ノ攻撃ニ随ヒ転化又ハ変更
シテ融和致サスノデアル
吾人ハ流祖新羅三郎源義光公ヨリ傳
承シタル合氣之術ヲ基本トシ躰術(柔)
太刀之術槍術棒術等ノ武術ヲ修業
シテ合氣之武道即チ人間修養ノ道ニ
追到達セネバナラヌ

写真60　大東流合気武術宗範・佐川幸義先生直筆による「合気の書」

が合気なのである。

＊

この宇宙における日月星辰森羅万象をコントロールしている完全調和に自分自身を全託してしまい、その調和そのものとなることが「愛」だとする素領域理論の考え方に照らし合わせるならば、明らかに「合気」は「愛」に等しい。だからこそ、佐川幸義宗範の「合気の書」（写真60）と植芝盛平翁の言葉「合気は愛じゃ」が、ここにきて大きくクローズアップされなければならないのだ。

神戸で無住心流剣術を指南する近藤洋介先生は、すべてを神に完全にゆだねてしまう境地に至る「神への全託」が実現されたならば、敵の太刀筋は神様によってねじ曲げられてしまい、絶対にこちらの身体に触れることはないと指摘している。また、名著『弓と禅』（福村出版）の著者としても知られるドイツの哲学者オイゲン・ヘリゲルが旧制東北帝国大学を去るにあたって、弓道の師であった阿波研造師範が示した弓道の極意もまた、神様との共感が得られたならば真っ暗闇の中でまったく見えない的にさえ矢を当てることができると説いている。最後までそれが理解できなかったヘリゲルのために、阿波師範は自宅の弓道場になんら明かりを灯さずに二本の矢を放ってみせたが、すぐにヘリゲルが明かりを携えて確認に行くと一本目は的のど真ん中に的中し、さらに驚くことに二本目はその的中した一本目の矢を後ろから真っ二つに裂いて的に刺さっていたのだ。

そのとき、阿波研造師範が驚きを隠せない様子のヘリゲルに向かって、弓道の秘伝奥義を伝えたといわれている。それは、「的を射ろうと思うな、心を無にして自分と的とが一体となれば必ずや的中する」というものだ。「宇宙森羅万象の一つである的と調和する」つまり「的を愛せば」必ず的中するというものだ。むろん、ヘリゲルだけでなく他の誰もが長年にわたってその真意を理解できずにきたのだが、素領域理論の考え方を適用しさえすれば少なくとも「心を無にして自分と的とが一体となる」ということについては意味が明白となる。つまり、この世の側にある自分の脳神経系が生み出している自我意識から離れ、あの世の側の魂に己をゆだねるのだ。そうしさえすれば、完全調和の一部分である霊魂が、完全調和の全体としての神とつながっているために的を作り上げている素粒子がそれぞれ含まれる素領域のすべてを包み込むようにして含んでいる完全調和の一部分と連接することができるはず。だからこそ、結果としてそこに矢が的中するのは火を見るよりも明らかなのではないだろうか。

このように、愛、すなわち神であるあの世の側の完全調和に全託し、調和の一部となるという「合気の原理」は、確かに武道や格闘技の奥義の中でも最も重要なものとなっているのだ。

十四　ＵＦＯとはなにか

ＵＦＯというのは「Unidentified Flying Object」の略号で、直訳すれば「未確認飛行物体」となる。航空管制用語の一つで、レーダーや目視によって発見された飛行物体についての情報がまったく得られない場合に出されるコードネームとして使用されている。その中には隕石落下や係留に失敗した浮遊気球、さらには極秘裏に飛行実験されている最新鋭の次世代軍用機などがあるが、五パーセント程度のものはいわゆる「空飛ぶ円盤」と俗に呼ばれている宇宙人の乗り物だと伝えられている。

ここで取り上げるＵＦＯは、もちろんこの「空飛ぶ円盤」と称される未確認飛行物体に他ならない。このＵＦＯが比較的頻繁に発見されるようになったのはアメリカや旧ソビエト連邦で核爆弾が開発・実験されるようになった一九四〇年代になってからだが、それ以前にも場所によってはその姿を目撃されることがまれではなかったと聞いている。アメリカのネバダ州にある空軍の秘密研究施設は「エリア51」というコードネームで呼ばれ、ＳＦ映画などにもよく登場するために「世界でもっとも有名な秘密基地」などと揶揄されてきたが、アメリカ連邦政府はごく最近になるまでその存在を否定して

写真61　エリア51の入り口

いた（写真61）。

　このエリア51から小高い山を隔てて東側にアラモという小さな村があり、そこで西部開拓時代の終わり頃から牧場と農場をやってきた家系の九〇歳くらいの男性から僕が直接に聞き出したことには、すでに一九一〇年の時点でその辺りの上空をＵＦＯが飛び交っていたそうだ。ライト兄弟による有人飛行機の発明が一九〇三年のことだったから、その当時にアラモの村に住んでいた人達は飛行機の存在すら知らなかったはず。しかし、現に彼等の頭上を飛んでいく物体の存在は否定できなかったため、彼等はそれがその時代の最強で最先端技術を誇っていたスペインの無敵艦隊に所属する「空飛ぶ軍艦」だと理解することにし、それを「スパニッシュ・シップ」と呼んで何も不思議に思わなかったそうだ。それに、原住民のアメリカインディアン達にはもっと古い時代からの言い伝えがあって、ＵＦＯに乗って飛来する宇宙人達とは友好な関係が続いていたという。

その頃のある日、その年輩の男性はまだ六歳の子どもだったのだが、突然アメリカ陸軍の将校が農家を訪ねてきて父親に仕事を依頼したそうだ。山向こうに広がる乾燥湖の端に陸軍の新しい駐屯地ができたので、明日から毎朝牛乳を運んでほしいというものだった。貧しい開拓農家にとっては願ってもない安定した現金収入ということで、父親は毎日早朝から乳搾りに精を出し、それを馬車で運ぶのは祖父の役目。祖父は一度だけ孫であるその六歳の子どもを馬車に乗せて行ったこともあったのだが、駐屯地といってもそこは乾燥湖に接する山際にぽっかりと入り口が開いた巨大なトンネルしかなかったそうだ。トンネルの入り口にいる警備兵の指示で、子どもはそこで降りて待つことになり、祖父はそのままいつものように馬車でトンネルの中に入っていった。

祖父が戻ってくるまでトンネルの入り口近くで待ち続けなければならず、さらにはこんな見たこともないトンネルの奥にはいったい何があるのか気になってしまい、その子どもは入り口の近くを行ったりきたりしていた。そんな子どもの様子を眺めていた警備兵の上官が近づいてきて、「この奥に何があるか知ってるかい？」と聞いてきた。首を横に振った子どもにうなずきながら、その上官は「ついてきな」と言い残して巨大なトンネルの中に入っていったのだ。子どもも無言で後に続いた。

しばらく行ったところでトンネルの壁際に立ち止まった上官は、

「小僧、ここから先には連れていってやれないがな、このトンネルは俺達人間が造ったものじゃないのさ。なにせ、コロンブスがこのアメリカ大陸を発見する前からここにあって、トンネルの奥には何でも宇宙人が使っていた空を飛ぶ船が保管されていたそうだ。スパニッシュ・シップの噂を聞いた俺達陸軍がこのどでかいトンネルを見つけたときには、宇宙人は一人も残ってはいなかったんだがな」

とタバコに火をつけながら教えてくれた。しかし、その小さな子どもにはまだ理解できそうもない雰囲気だったため、上官は「いいか、見てろ」と告げるが早いか、安全靴の堅いつま先でトンネルの壁を思い切り蹴り上げたのだ。ズブッという鈍い音とともにつま先が埋もれるようにめり込んでしまい、それを抜いた後には壁がへこんでできた穴ができていたという。そして、上官の「これからだぞ、面白いのは」という言葉にうながされて見ていると、なんとそのへこんだ部分が少しずつ戻ってきたと思ったら、一分くらいで完全に元どおりの壁になってしまったのだ。

これには目を丸くして驚いていた子どもに向かって「触ってみな」と声をかけた上官は、安心させるかのように自分でもトンネルの壁に手をついて寄りかかってみせた。おそるおそる伸ばしていった手が壁に触れた瞬間、びっくりした子どもは反射的に後ずさって壁から逃げていった。何故なら、その壁に触れたときの感触が、まるで蛇やトカゲの皮膚を連想させるものだったからだ。いったいこの気持ちの悪い壁を誰が造ったのか、ようやくそれがアメリカの大人達ではないということを理解した子どもが上官の顔を見上げると、彼はうなずきながら「そう、どこか別の星からやってきた宇宙人じゃなきゃ、こんなものは造れないのさ」と言い終わるとトンネルの入り口へと歩き始めた。

これは、その子どもが九十歳になった頃、アラモの村のガソリンスタンドで僕が直接に聞かせてもらった実話だ。そのとき、彼がこの話を教えてくれるきっかけになったのは、僕がわざわざ日本からエリア51に興味を持ってやってきたという雑談だった。たまたまそれを耳にしたその老人が

「エリア51はな、UFOフリークの連中が想像で話を広げているように、ロズウェルやキングマンに墜落したUFOを回収した軍隊が秘密裏に研究しているわけじゃないんだ。あれは、俺たちの祖先が移住してくるずっと前からあそこにあった地下施設を見つけた軍の連中が居座っているだけで、このアメリカ大陸はもともと宇宙人のものだったのさ」

と声をかけてきてくれたのだ。

このときから、少なくとも僕自身は宇宙人の乗り物だったUFOをアメリカ軍が秘密裏に研究して使用したり、あるいはそのイミテーションを製造していると信じている。

十五　ＵＦＯの飛行原理

アラモの村のそのガソリンスタンドには数年後にも立ち寄る機会を作った。あのときの老人に、もっと詳しい話を聞こうと思ったからだ。ところが、ガソリンスタンドがあったはずの場所に行くと、なんとそこには新設の近代的な無人の給油施設が並んでいるだけで、どこにも事務所はおろか人影すら見あたらなかった。ひょっとしてもう隠居してしまったのかと思い、近所のドラッグストアーやレストランであそこにあった古いガソリンスタンドの爺さんは元気かい、と聞き回ったのだがその反応はどれも納得がいかないものばかり。

全員に共通していたのは、あそこにできた新しいガソリンスタンドの前には何もなかった荒れ地だったたし、そもそもこのアラモの村におたずねのような古いガソリンスタンドはなかったし、そんな九十歳すぎの爺さんもいなかったということだった。おまけに、ずいぶんとつっけんどんで、この村であれこれと嗅ぎ回るのはやめてさっさと消えてくれという雰囲気に終始されてしまったのだ。ひょっとすると数年前にこの僕にエリア51についての秘密をしゃべってしまったために、今後は一度とそんなことがないように村人たちへの見せしめとしてアメリカの軍部や連邦政府によって消されてしまったのかもしれない！　そんな想像もそれほど的外れではないと思わせるような状況だった。

これは、やはりあの老人が教えてくれたことが真実で、それを完全に隠蔽しようとしているアメリカ軍部の動きからすると、おそらく最高機密に属するレベルの事実にちがいない。老人の無事を祈りながら、僕はそのときさらなる真実を求めていく決意をした。その決意を促したのは、もちろん老人のガソリンスタンドについての村人たちの不可解な言動もあるが、それだけではない。初めてエリア51の近くにあるアラモの村に来たときの早朝に、地響きとともに聞いたドコーンという激しい衝撃音こそが、宇宙人が残していったＵＦＯを研究してきたアメリカ軍部が完成させたＵＦＯによるものだったという確信も生まれてきていたからだ。

そして、そのときアメリカから帰国した夏には、そのすさまじいほどの大きな衝撃音が実際にアメリカ軍部が運行させているＵＦＯによるものだという、確実な情報がもたらされてきた。これからそれをお伝えするのだが、それに関わったことで既に二人の善良なアメリカ人が何故か運転中の交通事故でこの世を去っている。従って、これを教えてくれた人物が三人目の犠牲者とならないように、ジャック・ヤマガタという仮名で登場してもらうことにし、彼のアメリカでの生活状況についてもかなりデフォルメしておく。しかしながら、彼が目撃した事実とその機会を彼に与えてくれたためにその後交通事故で他界することになったアメリカ陸軍退役将校ご夫妻については、すべて本当のことをそのまま記述させていただく。

そのヤマガタ君はアメリカ西海岸のサンノゼにあるＩＴ関連のベンチャー企業を立ち上げた日系アメリカ人で、彼の会社で開発した膜状の平面スピーカーは耳に優しい再生音のためにリビングや寝室の壁に取り付ける家が全米でもかなりの数にのぼっている。特に第一号の製品を買ってくれたコロラド州デンバー郊外に住むアメリカ陸軍の将校夫妻のご自宅にはヤマガタ君が自ら出張して取り付け、その後も年に二回のメンテナンスで訪れるうちに個人的にも親しくなっていたそうだ。

彼がデンバー郊外を訪れていたある日のこと、将校さんがいつもの笑顔でヤマガタ君をコロラド州にあるアメリカ陸軍特殊部隊の常駐基地に案内してくれることになった。聞けば、将校さんはその基地の司令官にまで上り詰めた陸軍のエリートで、あと一ヶ月で定年退役を迎えるのだそうだ。基地には長年の伝統があって、司令官が退役するときにはどんなことでも何か一つだけ願いをかなえてもらえるという。ほとんどの場合は、巨大なお祝いのケーキの中に隠れていた女性のダンサーが飛び出してくるといった、パーティーで若い軍人達が喜んでくれるようなアレンジをすることになるのだが、その将校さんはちがっていた。何せ、誠実な人柄で将校さんご夫妻に接し続けていた日系人であるヤマガタ君に、米軍の中でもトップシークレット中のトップシークレットとなっていた米国製ＵＦＯの飛行を間近で見てもらいたいという願いを持ち出してしまったのだから。

むろん、普通の組織であればそんなことが許されるわけはないのだろうが、幸いなことにアメリカ陸軍の頂上に位置する特殊部隊が誇る伝統を崩すことはもっと許されないことだったようだ。何と、その司令官が望んだように、ヤマガタ君はデンバー近郊の基地の中でアメリカ製のＵＦＯが飛び立つ様子を目撃してしまうのだから。米軍関係者ではない一般人、しかも日系のアメリカ人であるにもかかわらず！　当然ながら、基地の警備主任だけでなく親しい司令官までもが、幾度となくそこで目にしたすべてのことを秘匿するように念を押してきてはいた。しかし、その直後に仕事で東京を訪れた彼は、アメリカ国内でアメリカ人の友人達に話すのはまずいと思ってはいても、遠い異国の首都でしかも旧知の日本人相手に話すのなら何も問題はないと気楽に考えてしまったのだ。

そのおかげで、これからお伝えするＵＦＯの飛行原理についての貴重な情報が得られることになったのだが、大変残念なことにそのためヤマガタ君に親しく接していた基地の司令官夫妻が、二人とも原因不明の交通事故でこの世を去ってしまう結果となってしまった。もちろん、地元の警察は単なる事故として処理してしまったのだが、ヤマガタ君が東京でアメリカ軍が運用しているＵＦＯの目撃談を話してしまったことが原因で、司令官がその責任を取らされてしまった可能性は否定できない。そんな犠牲の上に得られたものなので、どうか心して読み進めていただければと思う。

それは巨大な円盤型のＵＦＯで、銀色に輝く機体は格納庫から牽引されて駐機場に止まっていたそうだ。機体の下からはタラップのようなものが斜めに降りていて、そこから一個小隊程度の完全装備の特殊部隊全員が乗り込んでいった。その後タラップが収納され、しばらくするとその円盤型の機体からブーンという金属音が聞こえてくるようになったという。そのとき、隣に立っていた司令官が少し興奮気味にヤマガタ君に向かって声をかけてきた。「いよいよ、これからが見物だぞ！」

金属音がますます大きくなり、そろそろ巨大なＵＦＯが滑走路に向かって滑走していくのかと思ったヤマガタ君は、目を離さないようにジッと機体に向けていた。すると、不思議なことに銀色に輝いていたＵＦＯの機体のところどころが透明になって、向こう側が透けて見えるようになったのだ。目の錯覚かと思い頭を振ってから再び凝視したときには、巨大なＵＦＯの機体の九割くらいの部分が半透明になっていて、ブーンという金属音が最高潮に達していた。そして、その次の瞬間のことだ。何と、巨大な機体全体が完全に透明になったかに見えたと同時に、足下からお腹の中にまで響きわたるドコーンという激しい衝撃音が伝わってきて、立っているのがやっとの突風が前後から交互に身体にぶつかってきたそうだ。

驚いて司令官の顔を見ると、どうだすごいだろうという表情のままで「あの一個小隊はもう中近東の目的地に到着しているはずだよ」とウィンクしてみせるではないか。そう、そのときのジャック・ヤマガタ君の貴重な体験ではっきりとわかったことは、現代のアメリカ軍部が秘密裏に完成させて運用段階に入った円盤型のＵＦＯは空間の中を連続的に飛行するものではなく、出発地点と到着地点の間を瞬間的に移動してしまうものだったということ。駐機場に止まっていた巨大なＵＦＯの機体は周囲の空気の分子を押し退けてその出発地点に存在していたわけだが、そのＵＦＯが瞬間的に出発地点から消えて到着地点に移動してしまうため出発地点には一瞬の間だけＵＦＯの大きさの真空領域ができ、次の瞬間に周囲に押し退けられていた空気の分子がものすごい勢いでその真空領域に吸い込まれる爆縮現象が起きてしまうのだ。その爆縮にともなう空気の衝撃波がドコーンという激しい衝撃音と空気振動を誘発し、比較的近いところに立っていたヤマガタ君の身体を大きく揺さぶる結果となったと考えられる。

そして、この話を聞いたとき、僕が思い出したのはその数年前に初めてエリア51の近くにあるアラモの村に来たときの早朝に地響きとともに聞いたドコーンという激しい衝撃音のことだった。そう、既にその頃から、宇宙人がエリア51に残していったUFOを研究していたアメリカ軍部が実験していたのは、空間の中を連続的に飛行するものではなく、出発地点から到着地点へ瞬間移動するUFOだったのだ。だからこそ、空気の爆縮による衝撃波が生じていたにちがいない。

瞬間移動という現象がこうして密かに実現されていることからは、この世界の背後についてのある真実を明らかなものにすることができる。それはこの世界の中の至るところにある素領域の構造についてだ。この世界の中の遠く離れた二点間を瞬間移動するということは、空間の中を隣合う素領域の間を順次飛び移るという連続的な運動ではない方法が求められる。これは三次元の広がりを持った素領域だけを考えていたのでは不可能なのだが、六次元とか九次元などの高次元の広がりを持つ素領域をも考慮することで可能になる。

たとえば、出発地点の空間を構成する無数の素領域のうちで六次元以上の高次元の広がりを持つ素領域だけを考え、その中でも特に出発地点の空間の三次元の広がり以外の余剰次元の部分が到着地点の空間の三次元の広がりとなっている素領域にUFOの機体と登場員の身体を構成するすべての素粒子を入れてしまう。その状態にあるUFOの機体は、ヤマガタ君が目撃したように一部が透明になったり、全体が半透明になったりするようだ。そして、UFOの機体と登場員の身体を構成するすべての素粒子が入った高次元の素領域の到着地点の空間にある三次元の余剰次元の部分に隣接する三次元の広がりのみを持つ素領域にそれらの素粒子をすべて移動させてしまう。これによって、ＵＦＯの機体は到着地点の空間の中に安定して存在できるようになり、出発地点からの瞬間移動が実現することになる。

このようにアメリカ軍部が実用化しているＵＦＯの飛行原理は、この世界の至るところにある素領域構造を巧みに利用した瞬間移動になっているのだが、既に見てきたようにあの世の中にこの世を生み出している素領域の集合に影響を与えることができるのは、あの世としての完全調和の神に全託すること、つまり「愛」によってのみ可能となる。ということは、ＵＦＯは「愛」によってこの世の外側の存在となることで瞬間移動という通常ではあり得ない飛行原理を実現しているのではないだろうか？

十六　ＵＦＯの操縦と愛の力

そもそも、この世とあの世を隔てている境が日に日に薄くなっている、あるいは現実世界の次元と神霊世界の次元が重なりあって次元融合が生じているという事実をお伝えすることが、この第二部の目的だった。それが、最後の最後になって突然ＵＦＯなどが登場してきたため、いささか困惑された読者の皆さんも少なくはないはず。しかし、どうぞ、ご心配なく。ここでＵＦＯを取り上げるのは、実は合気と同じで愛の力がないとＵＦＯを操縦することもできないし、そもそもＵＦＯがちゃんと飛行するように作り上げることもできないからだ。そして、この事実は何もＵＦＯだけに限られるわけではなく、我々が日常的に使用している自動車などの機械類や冷蔵庫などの電化製品、さらには犬や猫といった動物や草花や森の木々から麹や酵母などの細胞にいたるまで同じことがいえる。

神に全託し、この世の至るところでこの世界に接しているあの世の完全調和に協調するだけで、この世界の中での我々の日常生活の中に愛が満ちあふれるようになるだけではない。自分が愛用している道具が長持ちする、愛車の燃費がよくなる、冷蔵庫に入れた食料が長持ちする、料理や飲み物の味がよくなる、動物や草木が危険を知らせてくれるなどなど、普通では考えられないようなことが身近なところでどんどんと起こっていくようになるのだ。そして、その最たるものがＵＦＯの製造と操縦であり、これについては奇跡と考えるしかないほどに高められた愛の力が必要となる。だからこそ、そのもっとも難しい崇高な愛の力について見ておくために、ＵＦＯの話題を登場させたわけだ。

アメリカと同様にロシアもまた宇宙人から得た技術を用いてＵＦＯを製造し、完成させたＵＦＯの機体を飛行させる実験を重ねていると聞く。ここでは、特にその製造と操縦の場面で愛が必要不可欠となっていることについて、ロシアにあるＵＦＯ研究施設で働く機会に恵まれた日本人女性から教えていただいた内容を中心としてお伝えしたい。

宇宙人といってもその研究所にいる宇宙人達は外見では北欧の人達とほとんど見分けがつかないようだが、決定的なちがいは言葉を話さないということだ。宇宙人どうしや、宇宙人から人間に何らかの意志疎通がなされるときには、その伝えたい情報がまとまってポンと頭の中に飛び込んでくるという形のテレパシーが用いられる。受け取った側の人間がすぐにその情報のすべてを認識することができるわけではなく、必要になったときに必要な部分だけが解凍されて理解できるようになるという。ＵＦＯの機体についての詳細な設計図や部品の製造方法についての膨大な量の情報も、何人かのロシア人科学者達の頭の中に宇宙人からテレパシーで送り込まれてきたそうだ。それを克明な形で製造指示書や設計図面に変換してＵＦＯ二機分の部品が注意深く作り上げられていった。中には、隕石として宇宙から飛来した鉱物を利用してしか作ることができなかったものもあったそうだ。

こうして完成したすべての精密部品を設計図どおりにロシア人科学者達が寸分の狂いもなく正確に組み立て、計画に参加した全員が見守る中で一機の完成したUFOの動力スイッチが入れられたのだが、どういうわけかどの部品もまったく動作しなかった。何度チェックしてみても、組み立てはどこもまちがってはいない。これで動かないということは、宇宙人がくれたUFOの設計情報が正しくなかったということになると考えたロシアの科学者達は、協力してくれた宇宙人を問いつめたそうだ。ところが、それに対する宇宙人の返答はまったく想定外のものだった。何故なら、完成したすべての部品を組み立てていくときに、それぞれの部品に愛と魂を込めて組み立てなかったからそれらの部品が全体として一つのUFOとして正しく機能しないのだというのだから。

ロシア人の科学者達はもちろん細心の注意をはらってきちんと部品を正確に組み立てていくことはしたのだが、それぞれの部品どうしを取り付けていくときにそれらの部品に魂を込めたり、愛情を示しながら部品を取り付けるなどということなど考えもしていなかった。それに、いったいどのような気持ちで操作すればそうなるのかさえ、彼ら科学者達には見当もつかなかったのだ。それに気づいた宇宙人達は、それではもう一機分の完成した部品を組み立てる作業をシベリアの奥地にあるアナスタシアという名前の地図にもないほどの小さな未開の部落の住民達に任せることを科学者達に提案した。むろん、設計図を熟知した科学者達が細かく指示を出した上で、アナスタシアの人達が心を込めて指定された部品を指示どおりのところに取り付けていくわけだ。

このアナスタシアという部落では、いまだに電気や水道のない中世の時代から何も変わっていない生活を続けていて、冬に部落で備蓄していた保存食糧が底をついてしまうと、夜中にどこからともなく狼の群がやってきて部落の外れに自分達が捕獲した野ウサギなどの野生動物を置いていくそうだ。つまり、自然の中で他の動植物と共存できているからこそ、困ったときには他の動物達が助けてくれるわけ。そうして大自然に打ち解けて暮らしているアナスタシアの人達だからこそ、宇宙人と同じように心を込めてＵＦＯのすべての部品を組み立てることで、それらの部品に魂が宿り、すべての部品を愛が貫いていくことになるのではないだろうか。

実際のところ、二機目のＵＦＯについてはすべての部品がロシア人科学者達の指示に従ったアナスタシアの人達によって組み立てられ、動力源が入れられたとたんに見事に動作したのだ。とはいえ、そのＵＦＯには地球製の飛行機械のような操縦制御装置はどこにも見あたらず、パイロットがＵＦＯのすべての部品と魂を一つにつなぐことができなければ正常に機能させることができないため、ロシア人パイロットの操縦では数分間の飛行が限度だと聞く。そう、ロシア人やアメリカ人のパイロットは、愛によって魂をつないでいくという操作に慣れていないため、ＵＦＯの操縦にはいまだに宇宙人の愛の力を借りなくてはならないのというのだ。

だが、心配はいらない。キリスト教カトリックの隠遁者であるマリア・ヨパルト・エスタニスラウ神父が伝えてくれたキリストの活人術は、この日本で着実に人々の間に広まっていて、自分に襲いかかってくる敵の魂をも愛でつないでしまうことで敵を愛し無力化することができる愛の戦士もたくさん生まれている。その愛の戦士であれば、ＵＦＯのすべての部品と魂を愛によって一つにつなぐことが可能になる。そう、宇宙人と同じようにＵＦＯを愛の力で完全に操縦することができる日本人、いや地球人はもうみなさんの隣にいるかもしれないのだ。

第三部　神様からの伝言

ちょうどこの本の初校刷りが出版社から送られてきた六月中頃から不思議な旅を二度経験することとなった。どちらも自分から望んだものではなく、結果として何故か出かけざるを得なくなっただけの気乗りのしない旅行だったのだが、そこに用意されていたのはまさに神計りの如き驚くべき事の顛末。あり得ないような出来事の連続を前にして茫然自失気味となったために校正の手が止まったままとなっていたのだが、ようやく落ち着きを取り戻した僕はその一部始終を短い「第三部」として急遽原稿を追加し備忘録的に書き留めておくことにした。

今何故このような不思議の系譜がこれでもかというように眼前に展開していくのか、既に書き上げていた本文と併せて読んでいただければ明らかとなるはず。そう、これもまた「神代到来」の先触れに他ならないのだ。拙著『路傍の奇跡』(海鳴社)でお伝えしたように、これまでも少なからず不思議な働きかけによって救われてきたのだったが、この「第三部」でお示しする驚愕の事実は神様という存在がより強く我々の日常に関与してきていることを教えてくれるのだから。

一　高野山ミッション紀行

最初のミッション紀行は弘法大師・空海が開いた高野山において、六月十四日から十五日にかけてのことだった。六月十五日に金剛峯寺において献茶祭が執り行われるので是非とも参加していただきたいというお誘いが三ヶ月前からあったため、前日から宿坊に泊まるつもりで予定を空けておいたところ、今度は高野山の麓にある空海ゆかりの水源を再発見した女性の息子さんで、湯治施設と水の研究所を運営する方からお誘いを受けた。高野山を開くときに空海が発見したという古代から封印されていた水源は、空海没後二百年ほど経った今から約千年前に再び封印されていたという。それを再発見した母親はその水を飲むことで脳梗塞による後遺症を克服できたため、その水を他の人のために解放して湯治施設を開いたと息子さんから聞いたときには、その昔この僕も助けてもらったルルドの水のことを思い出して日本にもそのような水が湧き出る聖地があるのかと感慨深いものがあった。可能なら一泊して湯治の雰囲気を味わった上で、この空海ゆかりの水について調べてほしいという息子さんのご希望もあり、宿坊に泊まるよりも湯治施設に併設された宿泊施設のほうが気楽で快適そうに映ったため、六月十四日にならうかがえますとお返事したのだ。

ところが、ところがだ。それから二ヶ月ほどが経ったとき、肝心の六月十五日に予定されていた献茶祭そのものが中止となってしまう。これではそもそも高野山に行く理由がなくなってしまったことになり、当然ながら前日に訪れることにしていた水の研究所についてもキャンセルさせていただくしかない。幸いにもまだ一ヶ月先のことではあったので、先方にご迷惑となることもないはず。お断りのメール一本で簡単になかった話にできるのだから、本来ならすぐにご連絡するところなのだが、何故か行動に出る直前で戸惑ってしまい気がついたら予定の六月十四日が目前に迫っていた。

結局のところ、冷静な理性ではドタキャンもやむなしと思ってはみるのだが、どういうわけかそんな心の奥底ではその不思議な由来の聖なる水場に行ってみたいという微かな感情がうごめいていたのだろう。何らか適当な理由で自分自身を納得させ続けていた僕は、当日の朝には岡山から車を出して一路高野山麓を目指す。午後遅い時間に現地に到着したときには、小雨交じりの天候となっていたにもかかわらず僕の到着を予知したかのように、明らかに経営者とおぼしき男性が湯治場に併設された宿泊施設の前に立って待って下さっていた。聞けば、施設の中では是非ともこの僕に会いたいという水の科学的研究をしている大学教授や宗教学者といった方々が、首を長くしてお待ちだとのこと。

予想外の展開にいささか驚いてはしまったが、ともかく以前から面談の機会を願っていたという初対面の皆さんとの夕食の席では、複雑な分子模型による空海にちなむ不思議な水の効能にまで話が及んでいた。その昔には細胞膜近傍の水分子と電磁場の間の相互作用による集団的量子効果について研究したことがあった僕も興味を持てる内容だったため、文字どおり時間の経つのも忘れて話し込んでしまい、お開きになってからその湯治の風呂場に行ったときには清掃時間になっていて入ることができなかった。翌朝早くにしかその不思議な効能を味わってみることができなくなってしまったために肩すかしを喰らってしまった僕は、部屋に戻って旅行鞄から自分の荷物を出したところで、車の中に置いてきたものがあるのに気づいた。

それに加えてこの宿泊施設の中には清涼飲料水やビールなどの自動販売機も置いていないことがわかったため、近所のコンビニまで歩いて買い出しにいくつもりもあって、深夜の零時を回った頃に階下のロビーまで降りていった。すると経営者の方と水の研究をなさっている大学教授の方がまだ熱心に話し込んでいらっしゃった。軽く会釈をして僕が正面玄関から出ていこうとするのを呼び止めた経営者の方は、もし興味があればこれから空海没後に封印されていたのをご自分の母親が再発見したという水場まで案内して下さるとのこと。

ならばということで、大学教授の方も交えて玄関を出て、真っ暗な中を草を踏み分けて恐る恐る後をついていった。施設の裏手に回ったところに低い崖があり、その奥の地下から不思議な水が湧き出ているとのこと。照明がなく遠くの建物の明かりで薄暗く見えるだけだったため、水場の手前五メートルくらいの場所で全員が立ち止まったのだが、しばらく前方を見据えていた僕はどういうわけか無性に禊ぎ祓いの祝詞を奏上したくなってしまった。これまでの人生においても直感を大事にしてきたこともあり、ここは自分自身の奥底から湧き上がってくる声に従うことにし、経営者の方にお断りしてから自分でここだと思う場所まで進んでから祝詞を奏上させていただく。それが終わってから全員で宿泊施設に戻ったため、結局はコンビニには寄ることもできず、夜中には水場から湧き出たという神聖な水のみを飲んで横になった。

翌朝早くに目が覚めた僕は、慣れない浴衣の寝間着がしわになって皮膚に当たっていたために痒みを感じた腰のあたりを浴衣の上からポリポリと軽く掻いたのだが、その瞬間に掻かれた場所に激痛が走って思わず「痛っ‼」と声を上げてしまう。そう、その激しい痛みは拙著『合気の道──武道の向こうに見えたもの──』(海鳴社)でご紹介した、千二百年前に弘法大師空海が中国から伝えたという「業捨《ごうしゃ》」という荒行での耐えがたい痛みと同じ種類のものだった。驚いた僕は、浴衣の上から何度も自分の皮膚を擦ってみたのだが、何回やってもあの「業捨」と同じ究極の痛みが襲ってくることに変わりはなかった。

まあ、浴衣の糊にでもかぶれたのかと思い、それ以上は気にもしないでともかくここの由緒ある不思議な水のお風呂に浸かることにした。そうすれば血行もよくなって、腰の痒みもなくなってしまうだろうと考えたのだが、確かにそのお湯は皮膚の奥に優しく浸透していくため痒みも薄れていく感覚があった。ということで、水の効能を充分に確かめたと思えた僕は、部屋に戻って浴衣から平服に着替えた後に朝食会場へと降りていった。そのときちょうど外から玄関に入ってきた経営者の方が、僕の姿を見つけるなり真剣な表情で話しかけてこられた。

実は、深夜に僕を水場に案内して下さったとき、僕が禊ぎ祓いの祝詞を奏上した場所が本来の水場からは二メートルほどずれた場所だったため、それを後ろから見ていた経営者の方は疑問に思われたそうだ。そのことがずっと気になった彼が早朝明るくなってから再び水場を訪れたところ、前夜には暗くて見えなかった水場から二メートルずれた場所、つまり僕が祝詞で祓ったところに何やら見なれない御神具のようなものが散らばっていたという。すぐに従業員に聞いたところ、前日の午前中にどこかの新興宗教の信者達がやってきて、水場の前で勝手に御神事の真似事をやっていったとのこと。つまり、そんな連中に汚されていた神聖な水場の前を、知らず知らずのうちに前夜に僕が祓い清めていたということになり、経営者の方は大いに感銘して僕に報告して下さったのだ。

むろん、前夜の僕にそんなことは思いもよらず、ただただ禊ぎ祓いの祝詞を奏上しておかなくてはと思えた場所に向かっていただけのことだった。それが、たまたま新興宗教の連中が汚していった水場近くの場所だったというだけのことなのだが、確かに偶然にしてはできすぎている話だ。そのときは、単に自分でも不思議なことがあったものだと思う程度で終わったのだが、その後やはりシャツの上から背中やお腹を掻く度にまるで「業捨」を受けたときのように耐えがたいほどの激痛が走り、シャツをめくってみると皮膚の表面が確かに「業捨」と同じように真っ赤になっていた。ひょっとしてこの僕も「業捨」ができるようになったのかと思った僕は、その後知り合いに会う毎にどこか不調なところはないかと聞き出した上で「業捨」よろしく服の上から指先で擦らせてもらったのだが、驚いたことに全員がその激しい痛みに耐えきれず悲鳴を上げていた。

そう、どういうわけかこの僕は六月十五日から「業捨」ができるようになってしまっていたのだ！

もう十年近くになるのだが、広島で「業捨」という弘法大師伝来の不思議な治療を施している年輩の男性を当時東大医学部救急医療分野教授だった矢作直樹先生に紹介していただいていた。その効果の大きさに感銘を受けた僕は、拙著『合気の道』でその詳細を公開しただけでなく、僕の周囲の人達をかなりの人数業捨治療に連れていったのだ。中に一人だけ自らも「業捨」ができるようになった男性がいたのだが、彼はむしろ例外で、僕も含めて他の誰も「業捨」の真似事すらできるようにはならなかったのが事実。

にもかかわらず、この日の朝から何故か僕は「業捨」ができるようになっていたのだ。そして、その日は何と空海の誕生日に他ならなかった！　ということは……。

そう、空海の誕生日の六月十五日の午前零時を回ってから空海の水場の前に新興宗教の連中が勝手に置いていった御神具による汚れを禊ぎ祓いの祝詞で祓い清めるという「高野山ミッション」を成し遂げた形になったこの僕は、あの世から空海にご褒美をもらえたのではないだろうか。「高野山ミッション・コンプリート」に対して「業捨」ができるようになるというご褒美を。

すべては僕自身が望んで得られたことではなく、正直にお伝えしたとおり単に周囲に流されるまま動いていった結果にすぎない。だからこそ、これもまたあの世からの働きかけによるものだと思えてならない。

高野山ミッション・コンプリート！

二　気仙沼ミッション紀行

二度目のミッション紀行は七月二十六日のことだった。その発端は五月十五日に東京の衆議院会館であった「文化政経塾ＭＩＲＡＩ」の第一回会合後の懇親会に遡る。どこかでお目にかかったことがある男性が近づいてこられ、簡単なご挨拶の後に是非ともこれを読んでやっていただけませんかと一通の手紙を託されてしまった。聞けば、手紙の主は時折神様からの伝言が降りてくる女性で、つい最近神様から保江邦夫へのメッセージを託されてしまったそうだ。

まあ、本文でもご紹介したとおり、宮崎からはマリア様の伝言を伝えるためにわざわざ岡山まで僕を大学に訪ねてきて下さった女性もいたし、あの世にいらっしゃるエスタニスラウ神父様から僕への依頼を伝えてくれた霊媒体質の女性もいたわけで、神様からのメッセージを手紙で伝えてくれるという程度では驚きもしなかった。それよりも、さあ今度はどんな使命・ミッションを授かることになるのか、その手紙を持ち帰って開くのが楽しみに思えたくらいだ。とはいえ、その懇親会ではいささか飲みすぎたため、自分の部屋にたどり着いたときにはすぐに眠りについてしまい、手紙に目をとおしたのは翌日の昼前に起きたときのことになった。起き抜けのぼんやりとした意識の中で読み始めたのだが、内容が内容だけにいっぺんに目が覚めてしまった。ここに、その内容を紹介しておこう。

＊

保江邦夫様

初めまして私の名前は末次美子（仮名）と申します。突然のことで信じられないと思いますが保江先生に頼みたいことがあるのです。

今日本が大変なことになっています。神様から保江先生にメッセージがあり、今年の八月十一日に災害がおこる。そこで日本を守るために先生に宮城県の気仙沼に水晶を沈めてほしいと言われました。

モンゴルの秘密結社が日本に災いをおこそうとしている。龍の力を借りてほしいとのことでした。

モンゴルの地下で、黒魔術をかけるものがいるそうで、そこが日本をつぶそうとしている。

手紙を書いている自分も信じられない状態です。

どうかこの言葉を信じてほしいと神様が伝えてくれています。美しい国日本を守ってほしい。住んでいる人が平和に無事に暮らせるようにいつも願っていますと。

当たり前が当たり前であるように、幸せがたくさん感じられるように、生きていくのが楽しくなるように伝えてくれている先生にお願いしたい。
どうかよろしくお願いいたします。

伝え人　末次美子

＊

どうだろう、突然に見知らぬ人からこんな手紙を送りつけられてしまったとして、はたして何人の人が実際にその指示のとおりに動くことになるだろうか？　おそらく誰一人としてわざわざ遠い気仙沼まで水晶を沈めに出かけていくことはしないはず。いつもの僕なら、手紙を読んだ後でしばらくはその内容を反芻はしてみるが、結局のところは読者の方々から頂戴した手紙のファイルにしまい込んで終わりにしたはず。だが、その日の僕はちがっていた。そう、確かにその日の僕は前日までの僕とはちがっていた、ある一点において……。

実はその二ヶ月ほど前から喘息の咳が夜中に頻繁に出るようになってしまい、睡眠不足もあって体力的にかなり弱ってしまっていた。そんな僕を見て心配して下さった方々の中に、騙されたと思ってもかまわないから一度水晶を身につけてみてはどうかと忠告してくれたスピリチュアル療法に詳しい人物がいた。いつもならすぐに咳を鎮めてくれる気管支拡張剤の入った吸入薬もまったく効果がなく、いったいどうしたものかと途方に暮れていたため、藁にもすがりたい一心の僕は素直に水晶を探すことにしたのだ。幸い、三年半ほど前に横浜で中国医学の学校で校長をなさっている女性から、身につけておくと身体の調整をしてくれるという小さなピラミッド型のピンク水晶をいただいていたことを思い出した。そのときには、水晶で身体の調子が改善されるなどという話など信じる余裕のなかった僕は、確か岡山の自宅の引き出しの中にその高価な水晶を入れたままにしておいたはずだ。

そして、次に岡山に戻ったときにその水晶を見つけ出した僕は、それを他の荷物といっしょに東京に送っていたのだが、それが入る小さなベルトポシェットの中に入れて常に身につけておくことにした。それが、ちょうどこの神様からの伝言を伝える手紙を受け取ることになる日のことだった。つまり、手紙を受け取った日の僕は、その前日までの僕とはちがって、ピラミッド型のピンク水晶を身につけていたのだ。しかも、そうすることに決意した最初の日だったところに、僕に「気仙沼に水晶を沈める」という神様からの使命を伝える手紙が見知らぬ女性から届いてしまったというわけ。

いかな疑り深い僕でも、この絶妙のタイミングには唸ってしまい、その背後に神様による精妙な隠された働きがあるにちがいないと信じることにした。そう、八月十一日までに気仙沼に行ってこの水晶を沈めてこようと心に決めてしまったのだ。幸いというか、都合のよいことにその少し前のこと、東大医学部を定年退官なさっていた矢作直樹先生に誘われて福島県の会津地方にあるピラミッドらしき古代縄文時代の遺跡ではないかと思われる山の探検に行くことになっていたのが、ちょうど七月二十八日と二十九日。東京からは、ちょうど二月に岡山で手に入れて東京まで乗ってきていたミニクーパーの中古車で行こうと考えていたので、新幹線で移動する矢作先生とは現地で落ち合うことにしていた。なので、その前日の七月二十七日に気仙沼に行って水晶を沈めてくることができる！　そう考えた僕が仲間内でその計画について語っていたとき、ある人が教えてくれたのだが、3・11東日本大震災が起きたのはモンゴル出身の横綱白鵬の誕生日だったそうだ。そして八月十一日そのものではないが前日の十日はやはりモンゴル出身の横綱鶴竜の誕生日なので、この日にも大きな地震が日本を襲うのではないかという予測まであるという。そう、神様からの伝言にあったように、八月十一日に災いを起こそうとしているのがモンゴルの秘密結社ということであれば、このモンゴル出身横綱の誕生日に大地震が起きるというたわいもない噂にもリンクしてしまう！

こうして七月二十七日の早朝に東京を出発して宮城県側の三陸海岸まで北上し、気仙沼湾にピラミッド型のピンク水晶を沈めてから福島県の会津まで戻るという計画を立てた。心に決めたことはとにかく誰かれなく話してしまうことで、自分自身を追い込んでしまい途中で意気消沈するようなことがあっても実行せざるを得ない状況を作るというのが僕のいつものやり方。今回の気仙沼ミッションについても例外ではなく、親しい方々には軒並みお伝えしていった。その中にあって、本文第一部第十節でご紹介した伊勢神宮内宮御垣内公式参拝のときに急遽高貴な方と並んで白石の上に立つことになってしまった僕に、それにふさわしい上品な白いカッターシャツを貸して下さった男性の反応はさすがだった。沈める予定の水晶をお見せしたところ、ピラミッドの頂上にあたるところから強い気が出ているので、やはりこの水晶は気仙沼に沈めないでずっと身につけていたほうがよいと忠告して下さり、気仙沼には代わりにこれを沈めてきて下さいとおっしゃりながら、彼が手首に巻いていた水晶玉のブレスレットを手渡してくれたのだから。

そのブレスレットは僕が高貴な方といっしょに伊勢神宮内宮御垣内の中の白石の上に立っていたとき、上空に垂れ込めていた雨雲が丸く開いて真っ青な真円の鏡が出現したときに彼の手首に初めて巻かれていたものだったので、きっと天照大御神様の御力もいただけるはずとのこと。よく見ると、ブレスレットの水晶玉はどれもがハート型に研磨されていたので、今回のミッションにはぴったりのような気がしたので、お預かりしてこの神繋がりの水晶を気仙沼に沈めることにした。そして、この時点でピラミッド型のピンク水晶のほうは沈めないでずっと身につけておこうと思い直していたのは、そんなにすごい気が出ているのであればやはり僕の健康を維持するために役立つのではないかと考えてしまったからだ。

こうして気仙沼ミッション決行日が近づいてきたとき、こんな僕でも「司令官」と呼んで様々な場面で助けてくれる「副官」役の元航空自衛官の方が、真剣な顔で僕に進言してくれた。

「東京から気仙沼に行き、その後会津にまで戻る行程距離を見積もってみたところ六百キロメートル以上になりますので、お一人で運転していかれるのはかなりの強行軍となり心配です。是非とも同行をお許し下さり、運転をお任せ下さい」

七月二十七日の早朝に予定していた出発時間に白金に来てくれるために、彼は始発電車に乗ってくる予定だと聞いた僕は、いくら元自衛官で体力がおありだからといってそんな無理を強いるわけにはいかないと思った。そこで、その週は僕は予定があるわけではなかったので、僕一人で運転していっても強行軍にはならないように、一日前倒しにすることにした。つまり、二十六日の昼に東京を出発し、その日は気仙沼港の近くまで行くだけにするのだ。ホテルに一泊して二十七日の午前中に気仙沼湾に水晶を沈め、昼過ぎに気仙沼を出発して福島県の会津の近くに向かうことにすれば、そこで矢作直樹先生達と合流できるというわけ。

こうして余裕を持って気仙沼に行くことにしさえすれば、道中僕一人の運転であっても何も心配はいらない。そのように考え直した僕の意見に対して、元航空自衛官殿はそれでもこの僕が一人で気仙沼まで運転することについて納得がいかない様子だった。その結果、二十七日だけでなく二十六日まででも再就職先の大手企業から年休を取得するということで、二十六日の昼に白金の僕の部屋に来て気仙沼まで僕の車を運転してくれるということになる。むろん、助手席で指示を出すだけで東京から気仙沼までの五百キロ近い距離を走破できることになる僕に異存があるわけもなく、申し訳ないがご厚意に甘えることにした。

こうして、七月二十六日の昼前に東京を出発し、一路宮城県の気仙沼を目指して常磐自動車道を北上していった我々は、未だにかなりの数値を示す放射線量計が高速道路脇に掲げられていることに驚きながら、午後四時頃には仙台の東で三陸自動車道に入っていった。いよいよ目的地に近づいていくということで自ずと緊張感が高まってきていたためか、そこから南三陸海岸までの一時間半はあっという間に過ぎ去ってしまう。そして、自動車専用道を降りて海岸に沿った国道を気仙沼に向かって走りだしたとき、僕は信じられない光景を目の当たりにしてしまう。それは、まだズタズタに引き裂かれたままの鉄道線路だけでなく、道路や橋も寸断されたまま、応急処置のまま、放置されているとしか思えない沿岸沿いの悲惨な状況だ。３・11東日本大震災はつい昨年のことだったと勘違いしてしまうほどに、震災復興はほとんど進んでいないかのように映ってしまったのだから。いったいこの七年で何をしてきたのかと、腹立たしくさえ思えてくる。

そんな悲惨な状況を目の当たりにするにつけ、もう二度と天変地異を起こしてはならないという信念が心の奥底から湧き出てくる自分を奮い立たせ、八月十一日に計画されているモンゴルの秘密結社による暴挙だけは許さないと誓いながら、一路気仙沼を目指す。あの見ず知らずの女性からの手紙に書かれていた神様からの指示のとおり、気仙沼に水晶を沈めるのが目的だった。だが、水晶を気仙沼に沈めるといっても、広い気仙沼湾の中のどこに沈めればよいのかについては、皆目見当がつかない状況だった。ただ、その不思議な手紙には「龍の力を借りて下さい」という文面があった。

そこで、事前に地図で調べてみたところ、気仙沼湾の入り口には大島という大きな島があり、その大島が太平洋を望むところに「龍舞崎」と呼ばれる岬があることがわかった。まさに手紙に書かれていた龍の力を借りるということを象徴するかのような場所だと直感した僕は、その「龍舞崎」から水晶を海に沈めることにしたのだ。ところが、大島に渡る橋はまだ未完成のため、気仙沼港からフェリーに乗ってからもかなりの距離を走る必要がありそうに思えたため、二十七日は朝早くに行動を開始するつもりになっていた。

そのためには、二十六日の夜は早めに眠りについておきたいと考え、常磐自動車道から三陸自動車道を経て南三陸海岸に至るまでをかなりのスピードで走破してきたのだが、海岸沿いの国道や鉄道が未だに完全復旧からはほど遠い状況にあることを知った僕の頭を大きな疑問がかすめてしまう。本土側ですらこうなのだから、大島の中の道路に至ってはもっとひどい状況で、明日の午前中だけではすまなくなるかもしれないという……。明日は可能なら一関から東北自動車道を北上して秋田まで足を延ばしてから仙台に戻って一泊し、翌二十八日の土曜日に福島県の会津で矢作直樹先生と合流する予定にしていたため、できれば昼前には今回の神様からの使命を果たして気仙沼を離れたかった。それが、どうもこの様子では思いのほか時間を取られてしまい、秋田に行くのをあきらめなくてはならなくなりそうに思われたのだ。

海岸沿いを気仙沼に向かってひた走る車の助手席で思案にくれていた僕に、いつもながらのどうせなら楽してすまそうというずる賢い考えが頭をもたげてくる。時間と労力をかけてフェリーで大島に渡って「龍舞崎」まで運転していってそこから水晶を気仙沼湾の海に投げ込むのも、「龍舞崎」を望む本土の側から気仙沼湾の海に水晶を投げ込んでしまうのも同じことではないかという！　神様から頂戴した重要な使命を果たそうというときにこんな手抜きを閃いてしまうのは決してほめられたものではないのかもしれないが、僕としてはものすごい名案だと思えたのだ。

助手席ですぐにカーナビの地図の縮尺を小さくして気仙沼湾と大島を表示させてみたところ、大島の南西の端に位置する「龍舞崎」を最も近くに望む本土側に「岩井崎」という岬があることがわかった。しかも、これから気仙沼に行く海岸沿いの国道からほんの少しだけの寄り道で到着できるようだ。カーナビの目的地設定を急遽変更して向かった「岩井崎」に近づくにしたがい、僕は我が目を疑ってしまった。海岸に向かって走る細い荒れた道路の両側には、明らかに七年前の東日本大震災での津波被害で発生したであろう瓦礫が、山のように積まれたままになっていたからだ。何故か溢れ出てきた涙を拭いながら文字どおり瓦礫の山の間をかいくぐるようにして走っていったとき、僕は間違った場所を目指しているのではないかと心底不安になってしまった。行けども行けども美しい気仙沼の海は見えず、舗装が剥がれたままの悪路が右に左に迂回しているだけだったのだから。

もう少しだけ走っても海が現れないときには引き返すしかないと思い始めた頃、ようやく青い海が見えた。海岸近くには瓦礫処理のための臨時の施設があり、入り口近くに見学者用の駐車場があったのでそこに車を置かせてもらう。ちょうど夕日が低い山々の頂に沈む頃で、明るいうちに水晶を気仙沼湾に沈めたいと思った僕は、崖になった「岩井崎」の先端まで足早に進んでいく。遠くに明らかに大島とおぼしき島影が見え、「龍舞崎」もはっきりと確認できた。よし、後はできるだけ海に近づくことができる場所を探し、渾身の力で水晶を投げ込むだけだ!

崖っぷちを目指して進んでいった僕は、思わず叫んでしまう。「龍だ、龍がいる!」

そう、崖の上に龍がいたのだ(写真61)。近づいてみると、それは変形した一本の松だとわかったのだが、手前に掲げられた解説によると「龍の松」という名前までついていた。それによると、この「岩井崎」の松は七年前の津波によって流されてしまったのだが、奇跡的に一本だけが幹や枝がねじ曲げ

写真61　「龍の松」

られてもかろうじて生き残り、誰の目にも龍としか映らない形に成長しているそうだ。しかも、その龍の首は「龍舞崎」を見据えているかのようになっていた。偶然にも、いやいや、やはりこれもまた神様の御導きだったにちがいないのだが、手抜きで使命を果たそうと考えた末にカーナビの地図で適当に決めた場所にやってきたところ、そこには確かに龍がいた！

そんな奇跡を前にして崖の上で立ち尽くしていた僕は、この神様ミッションの重要性を再確認した形となり、先端からすごい気が出ているというピラミッド型のピンク水晶を手元に残して代わりのハート型水晶のブレスレットを気仙沼湾に沈めるというそのときまでに固めておいた考えの愚かさを大いに恥じていた。そう、モンゴルの黒魔術でこの美しい国に災いをもたらそうとする動きを封じ込めるためには、やはり神様からの伝言を伝えてくれた手紙を受け取った日の朝から身につけ始めたピラミッド型のピンク水晶を目の前に広がる気仙沼湾に沈める必要があるのだ！　誰が、何と言おうとも！

こうして、「龍の松」の前でポシェットからピラミッド型のピンク水晶を取り出した僕は、「龍の松」の場所から崖を下って波飛沫が間欠泉のように岩穴から吹き出る岩場まで降りていき、天に向かって祈りながら思い切り遠くに水晶を投げ放つ。ピラミッドの底面を水平に保ったままで勢いよく回転していた水晶は、フリスビーのように空気に乗ってかなり遠くまで飛行して濃い青緑色の海中に向かって落ちていった。その刹那、気のせいかもしれないが海の中に海竜のような黒い陰が渦巻き、海面までもが持ち上がってくる。少し後で海面が下がったかと思ったら白い泡が海面に龍の形を描いてしまう。思わず天を見上げたのだが、そこにも龍の形を描く雲がたなびいていた！

そう、僕の気仙沼ミッション・コンプリートを知らせてくれる神様の御計らいにちがいないのだ。ピラミッド型のピンク水晶だけでなく、伊勢神宮内宮の御垣内公式参拝のときに小雨交じりの曇天にぽっかりと空いた真円の青空によって霊的な「鏡」を天照大御神様から頂戴できたときに同行して下さっていた方がそのとき初めて身につけていたハート型水晶のブレスレットも、元航空自衛官によって同じ岩場から気仙沼湾に投げ入れられていたのだから。

思えば、七月二十六日の夕方というのは、いつもどおりであれば千葉沖から三陸沖へと大型台風が進んできて、暴風雨に見舞われる気仙沼でゆっくり水晶を沈めるなどということはできないタイミングだった。それが、気象予報が日本で始まって以来初めてとなる、三宅島近くから逆に西へと進路をねじ曲げられて西向きに進む珍しい台風となったために、気仙沼では晴れ間が広がる穏やかな天気となったのだ。しかも、東京に戻ってから知ったのだが、そのときの台風の進路はまるで「龍の松」のような曲線になっていた。さらには、西向きにねじ曲げられた台風が本州に上陸した地点は、正真正銘伊勢神宮の真上だったという。そのまま直前の地震被害や集中豪雨被害の激しかった大阪と岡山・広島上空を通過していったわりには、台風による被害はほとんどなかったそうだ。

そう、七月二十六日に無事に気仙沼ミッションをやり遂げることができたのは、こうした目に見えないところでの神様の御力添えがあったからだった。まさに龍の力を借りることができてはじめて、この神様から頂戴した日本を守るという重大な使命を無事に果たすことができたのだ。この「第三部」を校正時に書き上げたのは八月十四日であり、モンゴルの黒魔術の秘密結社が日本に再び大きな災害を引き起こそうとしていた八月十一日は無事に何もなく過ぎてしまった後のこと。つまり、気仙沼に水晶を沈めることで黒魔術の効果を完全に押さえ込むことができたことも確認済み。

だが、七月二十六日の日没時に「龍の松」の崖下から気仙沼の海に水晶を沈めた直後の僕は、本当にこの場所でよかったのか心配になっていた。もし間違った場所に沈めてしまっていたなら、僕に神様からの伝言を伝えてくれた女性の努力を無駄にしてしまうことになるのだから。そんな不安を打ち消せないまま崖を上がって「龍の松」のすぐ下まで戻ってきたとき、ふと少し先のほうに大きな銅像が建てられているのが見えた。岬の先端にはたった一本だけ津波に耐えて残った「龍の松」に加えて、この銅像もまた壊されることなく残っていたという（写真62）。解説板に記されていたのを読むと、

写真62　横綱秀ノ山雷五郎の銅像と「龍の松」

江戸時代天保年間に第九代横綱を張った「秀ノ山雷五郎（本名橋本辰五郎）」とあり、身長百五十七センチの小兵でありながら「天保の三傑」とまで唱われた気仙沼出身の力士だったとある。

本名に「辰」の字があったことに加え、モンゴル出身の横綱ばかりが目立ってきていた日本の国技である大相撲の現状が国の行く末を案じる象徴にもなっていたために、モンゴル力士の誕生日を狙って東日本大震災などの災害を日本に引き起こさせる闇の力が働いているという噂までもが広まってきたことからも、あの七年前の大津波を耐え抜いてここに立ち続けていた日本人横綱の銅像があったということが、ついさっきまで心の奥底にふつふつと湧き出していた不安を完全に消し去ってくれた。そんなさわやかな目で「龍の松」を振り返って見たとき、僕の心は大きな喜びと確信に満ち溢れていた。何故なら、横綱雷五郎の右腕が指し示していた方角こそは、ついさっき水晶を沈めた「龍の松」の向こうの海面方向だったのだ（写真63）。

天保年間に活躍した日本人横綱の銅像までもが、ピラミッド型のピンク水晶を沈めるべき場所をこうして教えてくれていた！

僕には、それで充分だった。気仙沼ミッション・コンプリートという事実に気づくためには……。

写真63　銅像から見た横綱雷五郎の銅像と「龍の松」

だが、神はこれでもかと言わんばかりに、賞賛の御徴を送り届けて下さる。日が落ちて周囲が暗くなってきた頃、それまで東の空一面にかかっていた雲が薄くなっていったと思ったら、雲間から満月が顔を出してきたのだ（写真64）。満月？　そう、単なる満月だったのだが、そのときの僕にはまるで神様の微笑みのように映ってしまった。よくぞやり遂げたと、僕の努力を讃えてくれていたかのような。

写真64 「龍の松」と満月

そして、秋田、仙台を経て福島県の会津に至る翌日からの行程も無事にこなし、七月二十九日の午後四時に矢作直樹先生達と別れた僕は、東京に向かう車を途中群馬県の高崎に寄り道させた。そこで旧知の小学校教師ご夫妻と真言宗住職ご夫妻から初めて紹介された会社社長の方から、驚くべきことを聞かされてしまう。脳腫瘍の手術を三度も繰り返す中で予知夢のような不思議な夢を見るようになってしまっただけでなく、月が意味することが何故かわかるようになったとのこと。そして、この僕に会って直接に伝えたかったのが、少し前に見たという夢の内容だった。何と、夢の中で龍になって上から見下ろしていると僕が水に向かって何かを投げ入れた直後に龍の子ども達が水の中に群がってきていたというのだ。さらに、そのもっと前の夢の中では、陰陽師の安倍晴明が住んでいたような平安時代のお屋敷の奥で平安装束の僕が待っている姿もあったそうだ。

それを聞いた僕は、まずは僕が陰陽師の末裔であることを伝えた後、四日前の木曜日の夕方に気仙沼の海に水晶を沈めた話をお聞かせした。すると、その社長さんご自身もとても驚き、かつ大変に喜んで下さった。予知夢で僕について見たことが、まさに当たっていたと納得されたからだ。その上で、最後に念を押してこられたのだ、この前の木曜日ということは満月の日だったはずですが、と。確かに満月で、水晶を無事に気仙沼に沈めるという使命を果たしたことを神様が祝福して下さったと思えたと正直にお伝えした僕は、初対面の方の言葉を介しその場で再度神の賞賛を受けることになる。

「今年の七月二十六日の満月はレッドムーンと呼ばれる特別な満月で、自力で何かを成し遂げようと努力する者が報われるときに現れる満月なのです」

気仙沼ミッション・コンプリート！

三　神様からの伝言

こうして自分なりに自力で努力して神様から与えられた「気仙沼ミッション」を成し遂げたと信じてはいたのだが、伝言にあった八月十一日にモンゴルの黒魔術の一団が日本に災害をもたらすという企みを無事に阻止できたのかどうか、その八月十一日が近づいてくるにしたがって不安が大きくなってきていた。水晶を沈める場所が気仙沼のどこなのかについては記述がなかったため、地図を見て大島の「龍舞崎」沖の気仙沼湾の海だと見当をつけただけだったし、おまけにそこまで行くと翌日に秋田に寄れなくなるかもしれないということで前日の夕方に「龍舞崎」を本土側から最も近くに望む「岩井崎」から気仙沼の海に水晶を投げ込むという「手抜き」をしてしまっていたのだから。自分が投げ入れた場所が本当に神様が指示して下さっていた気仙沼だったのか、確証は何もなかったのだ。ただ、そこには不思議な「龍の松」があり、また気仙沼出身の江戸時代の横綱「秀ノ山雷五郎」の銅像があり、どちらもが3・11東日本大震災の津波に耐えて残っただけでなく僕が水晶を投げ入れた海面の方向を見事に指し示してくれていたのと、直後から満月が顔を出してくれたという事実がミッション・コンプリートを暗示していたにすぎなかった。

そんなわけだから、八月十一日の当日の朝から気が気ではなかった。本当に神様からの伝言にあったモンゴルの黒魔術の悪巧みを阻止することができたのか心配で、日本のどこかに再び大きな地震が起きていないか午前中はテレビニュースに釘付けだった。昼前からは神戸に移動し、その日の午後に予定されていた僕が継承してしまったキリストの活人護身術「冠光寺眞法」の神戸道場と三田道場の合同稽古に出向いたのだが、稽古が始まる前に一人の男性が挨拶に寄ってこられた。見ると、その人は「気仙沼ミッション」の発端となった神様からの伝言を伝えてくれた女性の手紙を僕に手渡してくれた男性だった。そのときにどこかでお目にかかったはずだと思えたのは、実は三田道場に入門したばかりの徳島にお住まいの方で、入門前に一度講演会かどこかで質問されたことがあったからだった。

そして、その徳島の男性が開口一番「気仙沼に水晶を沈めてきて下さってありがとうございました、おかげさまで今日八月十一日には何も災害は起きません」とねぎらってくれたのだが、てっきり僕は彼が僕の直近の講演会で「気仙沼ミッション」の顛末を語っていたときに聴いていてくれたか、あるいは聴いていた知り合いから伝えられて僕が本当に神様からの御指示どおりに行動したことを知っていたのだろうと考えた。そうでなければ、あの手紙に書かれていたとおりに僕が気仙沼に行って水晶を海に投げ込んできたことを彼が知り得るはずはないのだ。

だが、実際はそうではなかった。その一週間後の八月十八日のこと、僕は先代の巫女様から受け継いでしまっていた伯家神道祝之神事を東京都内の神社で司っていた。夕方に神事を終えてから神官や巫女達と直会《なおらい》で労をねぎらっていたとき、三田道場の道場長をお願いしている堀部実さんから僕の携帯電話にメールが届く。すぐに開いてみた僕は、その驚くべき内容を前にして、しばしの間完全に思考停止に追い込まれてしまった。何故なら、それが意味するところは、神様は真に実在するということだけでなく、文字どおり神代到来の現代においては積極的に我々人間の安寧のために様々な働きかけをして下さっているということでもあるのだから。

ここで僕の言葉に直してそれをご紹介するよりも、メールの原文のまま以下に引用させていただくほうが、読者の皆様の心の少しでも奥深くにまで響くのではないだろうか。

＊

保江邦夫先生

本日、三田での稽古があって、例の手紙を渡した徳島の男性が来ていました。先日の話につながる話がありましたので、ご報告します。

・先日の神戸の稽古のときに、徳島の男性が、先生に「ありがとうございました」とお礼があったと先生が言われていましたね。これは、稽古後の懇親会のときに、先生から聞いたのですが、つじつまが合わないなと思っていました。何故なら、徳島の男性は、先生が気仙沼に実際に行ったことは知らなかったのですから。

聞いてみると、こういう事でした。

八月十一日にあった神戸での稽古より前の段階で、先生に手紙を書いた女性のところに再び神様が降りてきて、先生が水晶を投げたことに関して、御礼を言われたそうです。それを、徳島の男性は、手紙を書いた女性から聞いて、先生にお礼を言ったそうです。
・その神様の声が聞こえるという先生に手紙を書いた女性は、今は、神様の声が聞こえるという能力はなくなってしまったそうです。

これは、私の個人的見解ですが、その女性は、お役目を終えたということではないでしょうか。

三田道場　堀部　実

＊

さあ、どうだろう。神様は、最初にその女性をとおして僕に御示しになった「気仙沼ミッション」を僕が七月二十六日に無事にやり遂げたということを、既に八月十一日の前にその女性に再来して知らせただけでなく、僕に御礼までも伝えて下さったというのだ！

ああ、よき神の、何とよきことかな！

これこそが「神代到来」を高らかに告げる「神様の伝言」なのではないだろうか⁉

神代到来——後書きに代えて

ここまで読みとおして下さったならば、もう充分におわかりいただけたにちがいない。この世とあの世を隔てている壁が日に日に薄くなっているという現実を。そして、それが物語るこの世の次元とあの世の次元とが融合し、この世界がそのまま霊界と重なって存在する「次元融合」が生じつつあるという真実を。そう、時代はまさに「神代《かみよ》」となろうとしている。もはや、信じる信じないのレベルではなく、端から疑ってかかる人達ですらあの世の側からの働きかけを頻繁に受けることになるのだ。そんな時代の到来に備えるためにこそ、ここでお伝えしてきた僕の周囲でこの二年間に起きてきた真実と事実の系譜をことあるごとに読み返していただければと願う。神代を迎えつつあるこの混沌とした世界に生きるための、新しいバイブルとして役立てていただければまさに著者冥利につきるというもの。

ところで、本文では触れることができなかったことに、何故か僕の目の前から忽然と消えてしまっていた安倍晴明の少年が書いてくれた護符をカバーに挟んでいた手帳についての顛末がある。別に意図的に隠したわけではなく、単にそれだけで一つの節として記述できるほどの内容と分量にはならなかったために端折ってしまっただけのこと。しかし、その後あの手帳が出てきたかどうかについては、大いに気になるところではあるにちがいない。そこで、この場をお借りして簡単に報告しておくことにする。

紛失してしまった手帳については、本当に各方面に働きかけてはみたものの結局どこにも見つからず、護符を書いてくれた安倍晴明の少年に聞いてみると「長月のうちに見つかるだろう」という返答があった。旧暦の長月といえば太陽暦では十一月から十二月にかけてのタイミングだ。そして、あの世から僕に対する依頼を伝えるために隠遁者様の霊が降りてきた霊媒体質の著名な女性に聞いてみると、手帳は僕の部屋の中にあるにはあるのだが僕が無事に使命を果たすまでは僕のタイムライン（世界線）と手帳のタイムラインが交差することはなく、使命を果たしたときに忽然と部屋の中に出てくるとのことだった。また、僕が最も尊敬する予言者である「麻布の茶坊主」さんにうかがったところ、僕の手帳は人目につかない薄暗いところに安全に存在し続けているため、決して消失してしまっているわけではないというところまではわかった。

そして、昨年の二〇一七年十一月六日に隠遁者様に命じられたとおり「光の十字架」を白金の「龍穴」に立てることで使命を果たした僕自身に加え、弟ヤコブの魂を受け継いでしまった僕もまた兄であったイエス・キリストが成し遂げられなかった使命を代わってまっとうしたのだ。だからこそ、その後の僕は失われた手帳がいつ僕の部屋の中に忽然と現れるのか、大いに気にかけてはいた。だが、そんな期待を裏切るかのように、手帳はなかなか出てはこない。

もう半ばあきらめていた十二月十九日の昼前、年末に向かって部屋の大掃除を兼ねていつもは電気掃除機だけですますところを、金属棒の先のプラスチック板に濡れた紙ナプキンを取り付ける簡易床磨きワイパーで丁寧に仕上げていた。ワイパーの板をうまく畳めば、収納引き出しが設えられたベッドの下の隙間にも金属棒を差し込むことができたため、収納引き出しの奥の床面にもワイパーをかけることができた。よし、これで完璧だ！　そう思った僕が金属棒を回してワイパーの板をベッドの下の隙間から引っ張り出そうとしたとき、何故かどうやっても収納引き出しに引っかかって金属棒を取り出すことができなくなってしまった。かれこれ十分以上も奮闘したのだが、まったく手応えがない。

ついに堪忍袋の緒が切れた僕は、えーいままよっ、とばかりに手に持っていた金属棒の端を渾身の力を振り絞って強引に引っ張った。すると、まさに「ポンッ」というような音が聞こえたかと思うと、ベッドの下の隙間からワイパーの板の部分だけでなく、あの捜し求めていた手帳までもが飛び出てきたのだ！

そのときの雰囲気としては、まだ完全に僕のタイムラインが手帳のタイムラインと交差してはいなかったのだが、そのわずかの次元の隙間に床磨きワイパーの棒を無理矢理突っ込んで手帳を自分の次元に引きずり込んだといった感じなのだが、とにもかくにもこうして紛失していた手帳と、カバーに挟んでいた護符は無事に戻ってきた。安倍晴明の少年と霊媒体質の女性、そして「麻布の茶坊主」さんの三人が指摘していたことのどれもが当たっていたかのように。

霊媒体質の女性が教えてくれていた、手帳は別次元でずっと僕の部屋にあり続けていたということを安倍晴明に命をもらった少年に伝えたところ、あの護符がカバーに挟まっていたのでそうなったのかもしれないという返事が届いた。何故なら、あの護符は陰陽師が使う護符の中でもひときわ特殊なもので、通常は僕が常に身につけておくことでこの世界の中にいる僕が護られることになるのだが、あれはまず先に霊界に飛び込んで、その後僕に悪い働きを及ぼすことになる悪霊に直接働きかけて僕に手を出せないようにしてしまうのだ。だから、あの護符が消えてしまっていた間は、僕に対するあの世からの暗黒面の作用はことごとく封じ込められてしまい、あの世からの清く正しい働きかけのみが現れてきたはずとのことだった。

そういえば、確かに手帳と護符が消えてしまっていた九月二十四日から十二月十九日にかけての三ヶ月間は、エスタニスラウ神父の霊に始まりイエス・キリストや天照大御神さらには「鏡」や「草薙之剣」といった霊界の存在からの働きかけが目白押しだったし、それを阻止しようとする動きはことごとく封じ込められていた。

安倍晴明の少年がくれた護符があったからこそ、そしてそれが本来の働きとしてあの世の次元に飛び込んで僕を護ってくれていたからこそ、僕は白金の「龍穴」に「光の十字架」を立てることができたのだ。時に二〇一七年十一月六日のことだ。すべてを悟ることができた僕は、その後神様からすばらしい御褒美を頂戴することになる。それから二週間ほどしてのこと、ギザの大ピラミッドの王の間の中でハトホルの秘儀に共に参入してくれた姪から連絡があり、原祐子さんという友人が僕のハイアーセルフ（守護神）の絵を描いて下さるというのだ。絵だけではなく、その絵を描く間にハイアーセルフから僕への伝言も降りてくるので、それも伝えてくれるとのことだった。僕はあまり気乗りはしなかったのだが、そこは姪からの頼みということもあってお受けすることにした。

品川駅でお会いしてから半年ほどの時間を費やして描いて下さったハイアーセルフの絵が完成したというので、今年の五月三日にその絵を頂戴することができた。箱を開けて額装された僕のハイアーセルフ（次頁）と対面したとき、僕は瞬時にすべてを理解することができた。僕の瞳とそっくりな瞳の奥に輝いていたのは、金星から初めて地球に降り立った守護神サナート・クマラーの魂だけでなく、キリストの時代には大天使ミカエルと呼ばれ、エジプト王朝時代にはハトホル神と崇められ、シリウス星系においては宇宙連合のアシュタ－司令官だった魂の数々だったのだ。

そんな僕の直感の正しさを証明するかのように、僕のハイアーセルフを描いて下さっていたときに降りてきた僕へのメッセージやキーワードのすべてが完全に腑に落ちる。

この後書きを締めくくるのに、このハイアーセルフからのメッセージに勝るものが他にあるだろうか。

《保江邦夫へのハイアーセルフからのメッセージ》

今が始まりのとき
分かたれた魂が一つになるとき

全ての営みは拡大と収縮を繰り返し進化を遂げる

我、地に舞い降り支え行く者
体験は叡智の力であり
自由の翼は心の中にある

自らが創造主であるということを思い出し
おのれの真実のみが世界を映し出すを知る

焼き焦がす炎に焼かれることを恐れず
愛に生きることを選択するとき

夜空に輝く太陽が一つの時代の終わりを告げる
永遠を生きる火の鳥が
燃えさかる炎にその身を預け
火と水は一つとなりて黄金の太陽が昇る

二〇一八年五月三日

そう、時代はまさに神代到来の世界線に沿って動き始めているのだ。

二〇一八年十月吉日

著者　記す

著者：保江　邦夫（やすえ　くにお）

岡山県生まれ.

東北大学で天文学を，京都大学と名古屋大学で理論物理学を学ぶ. スイス・ジュネーブ大学理論物理学科講師，東芝総合研究所研究員，ノートルダム清心女子大学大学院人間複合科学専攻教授を歴任.

大東流合気武術佐川幸義宗範門人.

著書は『数理物理学方法序説（全８巻＋別巻）』（日本評論社），『武道の達人』『量子力学と最適制御理論』『脳と刀』『合気眞髄』（以上，海鳴社），『魂のかけら』（佐川邦夫＝ペンネーム，春風社）など多数.

カトリック隠遁者エスタニスラウ師から受け継いだキリスト活人術を冠光寺眞法と名づけ，それに基づく柔術護身技法を岡山，東京，神戸, 名古屋で指南している（連絡先 / kkj@smilelifting.com）. また，伯家神道の祝之神事を伝承し東京と京都で神事を開催している（連絡先 /ksk@smilelifting.com）.

神代到来（かみよとうらい）

2018 年 10 月 30 日　第 1 刷発行
2023 年　3 月 10 日　第 5 刷発行

発行所：㈱ 海 鳴 社　http://www.kaimeisha.com/
〒 101-0065　東京都千代田区西神田２－４－６
E メール：info@kaimeisha.com
Tel.：03-3262-1967　Fax：03-3234-3643

発 行 人：辻　信　行
組　　版：海　鳴　社
印刷・製本：モリモト印刷

出版社コード：1097

ISBN 978-4-87525-343-3